PRÉFACE

Les auteurs de ce livre ont recueilli les réponses données à des milliers de tests réalisés par les candidats qui souhaitaient passer leur permis de conduire et ont retenu les questions qui avaient le taux de mauvaise réponse le plus élevé ou qui, dans leur formulation, pouvaient poser problème de compréhension aux candidats.

125 questions ont été retenues pour réaliser ce livre, pour vous entraîner à détecter et déjouer les pièges dans la formulation des questions, les évidences trop souvent oubliées…

Chaque question est structurée de la manière suivante :

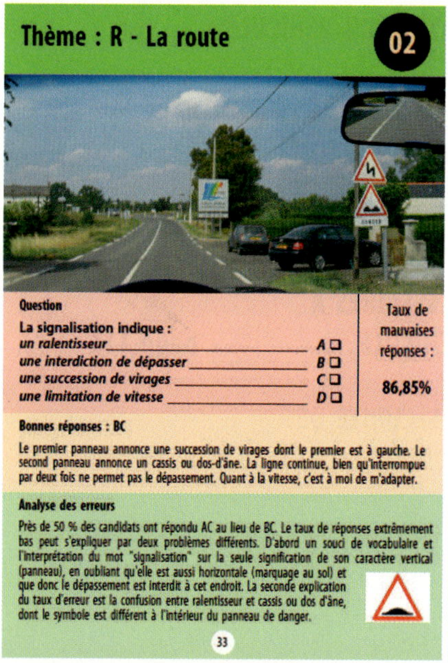

Thème : R - La route **02**

Question

La signalisation indique :

un ralentisseur	A ☐
une interdiction de dépasser	B ☐
une succession de virages	C ☐
une limitation de vitesse	D ☐

Taux de mauvaises réponses : **86,85%**

Bonnes réponses : BC

Le premier panneau annonce une succession de virages dont le premier est à gauche. Le second panneau annonce un cassis ou dos-d'âne. La ligne continue, bien qu'interrompue par deux fois ne permet pas le dépassement. Quant à la vitesse, c'est à moi de m'adapter.

Analyse des erreurs

Près de 50 % des candidats ont répondu AC au lieu de BC. Le taux de réponses extrêmement bas peut s'expliquer par deux problèmes différents. D'abord un souci de vocabulaire et l'interprétation du mot "signalisation" sur la seule signification de son caractère vertical (panneau), en oubliant qu'elle est aussi horizontale (marquage au sol) et que donc le dépassement est interdit à cet endroit. La seconde explication du taux d'erreur est la confusion entre ralentisseur et cassis ou dos d'âne, dont le symbole est différent à l'intérieur du panneau de danger.

33

Bandeau du haut de la page : thème et numéro de la question

Image et question avec taux de mauvaises réponses

(bandeau rose)

Bonnes réponses (bandeau orange)

Analyse des erreurs commises par les candidats (bandeau vert)

SOMMAIRE

Thème : L - Dispositions légales

01

Question

Un refus de priorité de passage à l'intersection peut me coûter :

un retrait de 2 points sur le permis de conduire

OUI ________ *A* ❑ *NON* ________ *B* ❑

une suspension du permis de conduire

OUI ________ *C* ❑ *NON* ________ *D* ❑

Taux de mauvaises réponses :

66.59%

Bonnes réponses : BC

Un refus de priorité de passage à l'intersection est grave et le risque encouru est à la hauteur de la sanction, raison pour laquelle celle-ci est lourde. Il m'en coûtera, non pas 2 points, mais 4 points sur le permis de conduire et une suspension pouvant aller jusqu'à 3 ans.en fonction des panneaux et de ce que je vais rencontrer. Il n'y a pas de limitation particulière.

Analyse des erreurs

Près de la moitié des candidats pensent qu'un refus de priorité ne coûte que 2 points au lieu de 4 sur le permis de conduire. Cela montre la méconnaissance du fonctionnement du permis à points. On voit même que 1 candidat sur 5, en répondant AD, sous-estime totalement le risque lié au refus de priorité, en minimisant autant les sanctions.

Thème : L - Dispositions légales

02

Question	Taux de mauvaises réponses :
Je peux dépasser un motocycliste sans side-car : *OUI* ________ *A* ❑ *NON* ________ *B* ❑ **Un motocycliste sans side-car peut me dépasser :** *OUI* ________ *C* ❑ *NON* ________ *D* ❑	**63.95%**

Bonnes réponses : AD

La signalisation m'annonce que le dépassement est interdit, sauf celui d'un deux-roues sans side-car, car il occupe peu de place sur la chaussée. Le dépassement en est donc facilité. Un motocycliste, même sans side-car, n'a pas le droit de me dépasser car ce panneau interdit tout dépassement autre qu'un deux-roues sans side-car. Il doit patienter derrière moi.

Analyse des erreurs

Le piège ici réside dans la confusion générée par le symbole d'une voiture à l'intérieur du panneau d'interdiction. On pourrait penser qu'un motocycliste n'est pas concerné, alors que si. Ce panneau concerne tous les véhicules à moteur, et pas seulement les automobilistes.

Thème : L - Dispositions légales

03

Question

Ce panneau annonce :

un aéroport ______________________ *A* ❑

des avions pouvant passer à basse altitude ____ *B* ❑

une aire de danger aérien ______________ *C* ❑

Taux de mauvaises réponses : **61.38%**

Bonnes réponses : BC

Ce panneau annonce une aire de danger aérien. Il est probable que des avions passent à basse altitude, et me surprennent par leur soudaine apparition. Je dois donc adapter mon allure et éviter de les regarder passer.

Analyse des erreurs

Pour cette question, il y avait plusieurs réponses et non une seule. Beaucoup de candidats répondent "B" ou "C", mais pas les deux. On peut rappeler que pour chaque question, il y a toujours au moins une bonne réponse, et jamais toutes. Il faut toujours se méfier des questions avec 3 propositions de réponses.

Thème : L - Dispositions légales

04

Question

Je continue tout droit à la prochaine intersection. Je cède le passage :

à droite ______ *A* ❑

à gauche ______ *B* ❑

en face ______ *C* ❑

à personne ______ *D* ❑

Taux de mauvaises réponses :

61.36%

Bonnes réponses : BC

La signalisation indique une priorité ponctuelle. Les usagers arrivant sur l'axe principal devront céder le passage. Afin d'aider les usagers, ce panonceau précise l'aménagement du carrefour. Les traits fins sont des routes qui ont soit un stop, soit un cédez-le-passage ; et le gros trait en courbe indique ici la trajectoire de la route principale. Continuant tout droit, je ne céderai le passage à personne.

Analyse des erreurs

Vous pensez, dans 26,35% des cas, qu'il faut céder le passage à gauche pour continuer tout droit, et dans plus de 10% des cas qu'il faut céder le passage à droite. Les panonceaux-schémas sont vraiment interprétés avec difficulté. Continuer tout droit fait quitter l'axe à priorité ponctuelle, mais l'autre branche à droite à soit un cédez-le-passage, soit un stop.

Thème : L - Dispositions légales

05

Question

Je peux être concerné par ce panneau si je conduis une camionnette :

OUI ________ *A* ❑ *NON* ________ *B* ❑

Taux de mauvaises réponses :

58.98%

Bonne réponse : A

Ce panneau interdit le passage aux véhicules transportant des produits ou des résidus pouvant polluer les eaux. Professionnellement, je peux être amené à conduire une camionnette munie de l'étiquette orange spécifiant le transport de produits polluants. Pour rappel, une camionnette se conduit avec le seul permis B car ce n'est pas un poids lourd.

Analyse des erreurs

Le piège ici n'est pas dans la catégorie de véhicules concernés, mais simplement dans la nature de ce qu'il transporte. Ce panneau est certes assez rare, mais sa définition doit être connue et comprise : "Accès interdit aux véhicules transportant des marchandises susceptibles de polluer les eaux".

Thème : L - Dispositions légales

06

Question

Mon véhicule a un PTAC de 2,8 tonnes.
Je peux continuer :

OUI ________ *A* ❑ *NON* ________ *B* ❑

Taux de mauvaises réponses :

57.69%

Bonne réponse : A

Le panneau du haut signifie une interdiction aux véhicules pesant plus de 2,5 tonnes sur un essieu. Cela concerne donc les poids lourds. Avec un véhicule de tourisme dont le PTAC est inférieur à 3,5 tonnes, je ne suis pas concerné.

Analyse des erreurs

C'est la rareté de mise en place du panneau du haut qui est la cause des erreurs commises ici. Seuls les poids lourds sont concernés par cette signalisation, avec une limitation de tonnage par essieu.

Thème : L - Dispositions légales

07

Question

La signalisation annonce :

une limitation de vitesse ________________ *A* ❑
une prochaine interdiction de dépasser ________________ *B* ❑
une fin de route à caractère prioritaire ________________ *C* ❑
une sortie d'agglomération ________________ *D* ❑

Taux de mauvaises réponses :

53.47%

Bonnes réponses : ABD

Le panneau d'entrée d'agglomération suffit pour limiter la vitesse à 50 km/h, même si je viens de quitter simultanément une autre agglomération. Ensuite, les flèches au sol annoncent une prochaine interdiction de dépasser, par une ligne continue ou un terre-plein infranchissable. En revanche, je resterai toujours sur la route à caractère prioritaire, comme l'indique le losange jaune et blanc.

Analyse des erreurs

17.55% des candidats ont oublié la réponse B, en pensant probablement que le mot signalisation n'évoquait que des panneaux, en oubliant qu'il existe aussi une signalisation horizontale, c'est-à-dire les marquages au sol. Sinon, 11.34% des candidats ont eux oublié la réponse A, sans doute trompés par le panneau de sortie d'agglomération, sans voir qu'on entrait dans une autre.

Thème : L - Dispositions légales

08

Question

La signalisation annonce :

une intersection ____________ *A* ❑

un passage d'animaux domestiques ____________ *B* ❑

une interdiction de dépasser ____________ *C* ❑

Taux de mauvaises réponses :

53.46%

Bonnes réponses : AB

Le panneau triangulaire annonce qu'à 150 m je vais rencontrer une traversée d'animaux domestiques. Il est probable que des animaux traversent à l'intersection positionnée par les balises blanches cerclées de rouge. Le marquage au sol, quant à lui, ne m'interdit pas le dépassement car les traits sont espacés. Attention car la visibilité n'est pas bonne dans l'intersection.

Analyse des erreurs

Plus de la moitié des réponses montrent l'oubli de la balise au loin qui annonce une intersection. C'est peut-être une problématique de perception des jeunes conducteurs, qui regardent souvent trop près devant eux. Si je regarde loin, je peux voir des détails proches. En revanche, si je regarde trop près, je ne vois pas des détails au loin.

09

Question

Cette route croise une piste d'aérodrome :

OUI ________ *A* ❑ *NON* ________ *B* ❑

Je cède le passage à droite :

OUI ________ *C* ❑ *NON* ________ *D* ❑

Taux de mauvaises réponses : **51.93%**

Bonnes réponses : BC

Les deux panneaux sont totalement indépendants l'un de l'autre. Le panneau du haut concerne une intersection de route où je dois céder le passage à droite. Le panneau du bas m'annonce un danger dû au trafic aérien. Je peux en effet être surpris par le passage d'un avion à basse altitude. Mais si je croisais véritablement une piste d'aérodrome, il y aurait un feu rouge clignotant, et éventuellement une barrière.

Analyse des erreurs

Si près de 42% des candidats ont répondu AC, c'est à cause d'une mauvaise interprétation du panneau de traversée d'une aire de danger aérien. Ce panneau est assez rare, mais il n'annonce effectivement pas la traversée d'une piste d'aérodrome. Il faut aussi connaître les panneaux moins implantés.

Thème : C - Le conducteur

01

Question

Pour atténuer l'éblouissement :

je porte des lunettes de soleil ______ A ❑

je rabats le pare-soleil ______ B ❑

je cligne les yeux ______ C ❑

Taux de mauvaises réponses : **80.23%**

Bonne réponse : A

Cligner des yeux risque plutôt de réduire de beaucoup le champ de vision. Quant au pare-soleil, il ne servira pas du fait que l'éblouissement vient de la réverbération des rayons sur le sol mouillé. Il est préférable d'utiliser des lunettes de soleil polarisantes.

Analyse des erreurs

Les erreurs proviennent en majorité du pare-soleil utilisé dans cette situation, alors qu'il ne sert à rien ici. 71,55% des candidats répondent en effet AB, alors que seule la réponse A est correcte. C'est une question certes un peu piégeuse, mais la photo ne montre quasiment pas de ciel.

Thème : C - Le conducteur

02

Question	Taux de mauvaises réponses :
La vitesse est ici limitée pour des questions : ***d'adhérence* _ *A* ❑ *de visibilité* __ *B* ❑** **La distance d'arrêt à cette vitesse est d'environ une cinquantaine de mètres :** ***OUI* ________ *C* ❑ *NON* ________ *D* ❑**	**75.34%**

Bonnes réponses : ABC

La vitesse maximale autorisée, lorsqu'elle est restrictive par rapport aux limitations de vitesse générales, est calculée pour permettre aux usagers de ne pas perdre l'adhérence, notamment en virages ou en courbe. Mais ce n'est pas la seule raison. Parfois, la courbure du virage n'est pas très prononcée et pourrait tout à fait accepter une vitesse plus élevée sans perte d'adhérence. Cependant certains environnements sont souvent sans visibilité, et d'autres usagers plus lents pourraient être présents, notamment les véhicules lourds en montée. Il faut donc que la vitesse maximale soit réduite pour ne pas être surpris et arriver trop vite sur ces véhicules. A cette allure, la distance d'arrêt est d'environ 50 mètres.

Analyse des erreurs

La cause principale des erreurs sur cette question concerne l'oubli de la problématique d'adhérence dans un virage, même sur sol sec. Si on limite la vitesse dans un virage, c'est toujours pour diminuer la force centrifuge et ainsi éviter une perte d'adhérence pouvant provoquer un dérapage. C'est pourquoi vous êtes près de 50% à répondre BC.

Thème : C - Le conducteur

03

Question

Afin de mieux me repérer sur la route :

je m'approche du véhicule devant moi ________ *A* ❑

je serre la ligne continue ________ *B* ❑

je serre la ligne de rive ________ *C* ❑

je réduis ma vitesse ________ *D* ❑

Taux de mauvaises réponses :

72.96%

Bonne réponse : D

C'est en se suivant à la queue leu-leu qu'arrivent les accidents en chaîne. Chacun fait confiance à celui qui le précède et, lorsque le premier ralentit, le dernier percute celui qui est devant lui car il n'a plus alors le temps de réagir. Je ne serre ni à gauche, car je risque d'accrocher un véhicule en face qui serait aussi dans cette position ; ni à droite, car je risque de percuter un deux-roues peu visible. La seule solution reste de ralentir.

Analyse des erreurs

Dans plus de 62% des cas, c'est la réponse CD qui est choisie. On peut considérer cela comme un excès de prudence, mais avec le risque de créer un danger supplémentaire vis-à-vis des deux-roues éventuellement présents. Par temps de brouillard, je reste à ma place, je laisse davantage de distance avec l'usager devant, et je réduis ma vitesse. C'est tout.

Thème : C - Le conducteur

04

Question

La lecture d'un panneau d'entrée d'agglomération est possible à 50 mètres avec une acuité visuelle de :

5/10ème ______________________________ *A* ❑

7/10ème ______________________________ *B* ❑

10/10ème ______________________________ *C* ❑

Taux de mauvaises réponses :

69.04%

Bonne réponse : C

Avoir une acuité visuelle correcte, c'est avoir la capacité de discriminer les objets à une distance minimale. L'acuité visuelle est la mesure de la performance de l'oeil. En conduite automobile, la réglementation impose une acuité visuelle minimum de 5/10ème en vision binoculaire, c'est-à-dire le contrôle avec les deux yeux en même temps, après correction. Mais quelle acuité visuelle minimale faut-il pour réussir à lire le texte inscrit dans un panneau d'entrée d'agglomération à 50 mètres ? Pour obtenir une acuité visuelle de 10/10ème, cela veut dire qu'il faut pouvoir lire une lettre de 5 cm à 5 mètres de distance.

Analyse des erreurs

Cette question est physiologique et ne peut pas s'inventer. Elle s'appuie sur des observations scientifiques qui ne peuvent donc pas se deviner. Vous êtes près de 50% à répondre A, ce qui revient à surévaluer les capacités de l'œil humain. Nous ne sommes pas aussi performants que cela, malheureusement.

Thème : C - Le conducteur

05

Question

Le facteur alcool est en cause dans :

68 % des accidents mortels ________________ *A* ❑
47 % des accidents mortels ________________ *B* ❑
30 % des accidents mortels ________________ *C* ❑

Taux de mauvaises réponses :

68.19%

Bonne réponse : C

Parmi les accidents mortels où les taux d'alcoolémie en jeu sont connus, on recense 30,1 % des tués pour lesquels le facteur alcool est incriminé. Ces niveaux d'implications sont d'autant plus gravissimes qu'ils touchent particulièrement les jeunes.

Analyse des erreurs

C'est la réponse A qui est le plus souvent choisie (36,66%), ce qui signifie une surévaluation des candidats du risque alcool dans la conduite automobile. Ces statistiques sont pourtant presque toujours les mêmes chaque année.

Thème : C - Le conducteur

06

Question

J'arrive vite et le conducteur qui s'insère semble m'ignorer :

Je fais un appel de feux ________ *A* ❑

Je klaxonne ________ *B* ❑

Je m'écarte ________ *C* ❑

Taux de mauvaises réponses :

66.61%

Bonnes réponses : AC

Si cela peut éveiller l'attention du conducteur, je fais un appel de feux. Mais il faudra tout de même m'écarter puisque la voie de gauche est libre, afin de ne pas créer de conflit. Klaxonner ici ne sert à rien. Ensuite, c'est trop tard.

Analyse des erreurs

La majorité des réponses (56.54%) n'envisage pas d'avertir l'usager devant de son refus de priorité. Faire un appel de feux n'est pourtant pas interdit pour le prévenir qu'il devrait vérifier dans ses rétroviseurs avant de s'intégrer.

Thème : C - Le conducteur

07

Question

Le temps de réaction moyen est d'environ :
***une seconde*___ *A* ❑ *deux secondes* ______ *B* ❑**
Pendant le temps de réaction, à 70 km/h, je parcours environ : *20 mètres*___ *C* ❑ *50 mètres* ___ *D* ❑

Taux de mauvaises réponses : **62.17%**

Bonnes réponses : AC

Si la règle des interdistances est de laisser un minimum de deux secondes entre deux véhicules, c'est en référence au temps de réaction incompressible de l'être humain. La physiologie ne permet pas une action instantanée après avoir perçu une situation. L'oeil doit envoyer les informations au cerveau, c'est la perception. Ensuite le cerveau doit analyser pour ensuite décider et enfin agir. Ce temps de réaction est d'environ une seconde en moyenne, mais cela peut être beaucoup plus long dans certaine situations, ce qui explique la marge des deux secondes de temps inter-véhiculaire. A 70 km/h, on parcourt environ 20 mètres en une seconde.

Analyse des erreurs

Pour cette question, les types de réponses sont assez répartis. Vous êtes quand même le plus grand nombre à répondre correctement AC, mais cela ne représente que 37.83% des candidats. Les autres réponses (18.84% de BC), c'est vous avez confondu le temps de réaction d'une seconde avec la règle des interdistances de deux secondes.

Thème : C - Le conducteur

08

Question

Le temps de réaction est influencé par :

l'expérience de conduite ______ *A* ☐

les conditions météo ______ *B* ☐

la fatigue ______ *C* ☐

la consommation de produits psycho-actifs ______ *D* ☐

Taux de mauvaises réponses :

59.29%

Bonnes réponses : ACD

Le temps de réaction, c'est le temps physiologique entre le moment où je perçois et celui où j'agis. Ce temps est plus ou moins long car entre la perception et l'action, il y a l'analyse et la décision qui peuvent selon les situations prendre plus ou moins de temps. Ce temps peut également être influencé de façon positive ou négative. L'expérience de conduite permet de gagner du temps sur certaines situations rencontrées dont on peut avoir quelques automatismes de réponses. A l'opposé, toute altération physiologique va allonger ce temps de réaction.

Analyse des erreurs

Pas de souci avec la fatigue et la consommation de produits comme source d'influence de l'augmentation du temps de réaction. Il y a en revanche quelques soucis avec l'expérience de la conduite souvent oubliée (18.75% de réponses "CD"), ou avec les conditions météo parfois ajoutées (23.76% de réponses "BCD"). Il y a même plus de 10% de réponses "ABCD". Faut-il rappeler qu'il y a toujours une mauvaise réponse pour chaque question posée ?

Thème : C - Le conducteur

09

Question

La quantité d'alcool contenue dans chacun de ces verres servis dans un bar est d'environ :

0,25 mg d'alcool pur ____________ *A* ❑

0,50 g d'alcool pur ____________ *B* ❑

0,80 g d'alcool pur ____________ *C* ❑

10 g d'alcool pur ____________ *D* ❑

Taux de mauvaises réponses :

58.37%

Bonne réponse : D

Lorsqu'on commande une boisson alcoolisée dans un bar, la dose d'alcool pur contenu dans le verre est toujours à peu près la même. Pour une boisson fortement alcoolisée, la quantité de boisson sera plus petite mais le taux d'alcool étant plus haut, la dose d'alcool pur absorbée par le consommateur sera la même. Chaque verre contient donc environ 10 grammes d'alcool pur, ce qui correspond environ à un taux d'alcoolémie du buveur de l'ordre de 0,25 g par litre de sang. Il me faudra plus de 2 heures pour éliminer l'alcool que j'ai dans le sang, après avoir bu un verre d'alcool.

Analyse des erreurs

Il faut avouer que cette question n'était pas très facile et pouvait être confondue avec le taux d'alcool dans le sang après avoir consommé l'un de ces verres. 42,17% des candidats répondent A, et montrent ainsi cette confusion. Tous les verres d'alcool servis dans les bars sont calibrés pour ne pas dépasser une quantité de 10 à 12 g d'alcool pur.

Thème : C - Le conducteur

10

Question

Par temps de pluie, je dois laisser trois traits de distance de sécurité :

OUI ________ *A* ❑ *NON* ________ *B* ❑

Taux de mauvaises réponses :

58.18%

Bonne réponse : B

On peut toujours laisser trois traits de distance de sécurité mais le minimun reste à deux secondes, soit deux traits. Ce ne sont pas en effet les conditions météorologiques qui influencent le temps de réaction, et les deux secondes tiennent compte des différences de réactivité des conducteurs et de freinage entre les véhicules.

Analyse des erreurs

Cette question d'interdistance pose toujours d'énormes difficultés de réponse aux candidats. L'interdistance minimale est partout de deux secondes, ce qui correspond sur autoroute à deux traits de la bande d'arrêt d'urgence. Par temps de pluie, cette interdistance n'est pas modifiée, c'est seulement la distance de freinage qui est augmentée.

Thème : C - Le conducteur

11

Question

Pour éviter la fatigue sur autoroute :
j'utilise le régulateur de vitesse
OUI ________ *A* ❑ *NON* ________ *B* ❑
je m'arrête toutes les 2 heures
OUI ________ *C* ❑ *NON* ________ *D* ❑

Taux de mauvaises réponses :

58.03%

Bonnes réponses : BC

La monotonie de circulation sur l'autoroute fait baisser la vigilance et la fatigue apparaît rapidement. Impossible de lutter contre elle, il faut s'arrêter pour se reposer, au moins s'aérer et se dégourdir les membres. L'utilisation du régulateur de vitesse n'est pas compatible avec la baisse de vigilance. En utilisant encore moins les commandes, je risque encore plus de m'endormir, avec le risque d'une vitesse élevée. J'évite d'utiliser le régulateur de vitesse trop longtemps.Klaxonner ici ne sert à rien. Ensuite, c'est trop tard.

Analyse des erreurs

Le régulateur de vitesse n'est pas correctement analysé ici dans son influence sur la fatigue. Vous êtes 57.70% à penser que cet accessoire, cette aide à la conduite peut éviter la fatigue, alors que c'est le contraire. C'est pourtant logique car moins j'utilise les commandes, plus ma vigilance a tendance à baisser.

Thème : C - Le conducteur

12

Question

Lorsque j'aborde un carrefour giratoire, les indices les plus importants se trouvent :

sur la gauche *A* ❑ *sur la droite*__ *B* ❑

Je dois marquer un temps d'arrêt :

OUI ________ *C* ❑ *NON* ________ *D* ❑

Taux de mauvaises réponses :

57.73%

Bonnes réponses : AD

La stratégie pour aborder un carrefour à sens giratoire consiste à observer le plus tôt possible si je dois céder le passage à un véhicule déjà présent sur l'anneau. Je dois donc observer principalement à gauche et ensuite faire en sorte de céder le passage à un éventuel usager tout en évitant un arrêt inutile. En effet, il n'est pas nécessaire de marquer un temps d'arrêt, il suffit juste de céder le passage aux autres conducteurs, c'est-à-dire ne pas entraver leur déplacement ni les obliger à ralentir.

Analyse des erreurs

Cette question est typique des erreurs commises par les conducteurs débutants lorsqu'ils arrivent sur un carrefour à sens giratoire. Trop souvent ils pensent que l'arrêt est obligatoire si d'autres usagers circulent sur l'anneau. C'est pourquoi ils sont 24.82% à répondre AC. Pour ceux qui ont répondu BC (17.31% quand même), là c'est tout faux, aussi bien que la recherche d'indice sur la droite plutôt que sur la gauche, avec un arrêt perçu comme obligatoire.

Thème : C - Le conducteur

13

Question

A 50 km/h, la distance parcourue pendant le temps de réaction est supérieure à la distance de freinage :

***OUI* ________ *A* ❑ *NON* ________ *B* ❑**

Cette limitation de vitesse n'existe qu'en agglomération : *OUI* ______ *C* ❑ *NON* __________ *D* ❑

Taux de mauvaises réponses :

53.33%

Bonnes réponses : AD

Cela peut paraître bizarre mais à 50 km/h, il faut plus de distance pour réagir que pour arrêter le véhicule en freinant. Pour calculer la distance parcourue pendant le temps de réaction, on multiplie le chiffre des dizaines de la vitesse par 3, donc à 50 km/h, cela fait 5 fois 3 = 15 mètres. Pour calculer la distance d'arrêt, il faut multiplier le chiffre des dizaines de la vitesse par lui-même, soit 5 fois 5 = 25 mètres. Pour calculer la distance de freinage, il faut retrancher les deux, soit 25 moins 15 = 10 mètres. Une limitation de vitesse à 50 km/h peut exister en tout endroit, en agglomération ou hors agglomération.

Analyse des erreurs

Vous êtes près d'un tiers (30.59%) à répondre BD à cette question. Vous savez donc qu'une vitesse limitée à 50 km/h n'existe pas seulement en agglomération. Mais vous pensez à tort que la distance de freinage est supérieure à la distance parcourue pendant le temps de réaction. Cela peut expliquer les accidents graves avec les piétons.

Thème : C - Le conducteur

14

Question

Pour tourner à gauche à la station, je dois dans l'ordre :

freiner, me placer, signaler, contrôler ________ A ❑
signaler, contrôler, ralentir, me placer ________ B ❑
contrôler, signaler, me placer, ralentir ________ C ❑

Taux de mauvaises réponses :

53.06%

Bonne réponse : C

Un changement de direction doit être construit et prévu assez tôt afin de ne pas surprendre les autres usagers : 1) contrôler, vers l'arrière et sur le côté, 2) signaler la manœuvre à l'avance pour laisser le temps aux autres de comprendre, 3) se placer pour partager la route avec les autres, 4) adapter son allure au changement de direction, 5) enfin, évidemment, respecter les règles de priorité de passage.

Analyse des erreurs

La majorité des réponses (47.41% de réponse B) montre que vous avez tendance à faire les choses en désordre. Vous signalez d'abord en mettant le clignotant et seulement ensuite vous contrôlez si vous risquez de gêner quelqu'un par la manœuvre. C'est malheureusement ce que font trop souvent les conducteurs, même expérimentés. Et qui finissent par ne plus contrôler du tout. On contrôle d'abord derrière, puis ensuite on indique.

Question

Pour manœuvrer en marche arrière, j'utilise :

les rétroviseurs extérieurs ________ *A* ❑
la vision directe ________ *B* ❑

Taux de mauvaises réponses

52.66%

Bonne réponse : A

Lorsque je manœuvre une remorque en marche arrière, je vais plutôt utiliser les rétroviseurs extérieurs qui me permettent de voir où se dirige la remorque. Le rétroviseur intérieur n'est pas précis et la vision directe ne montre pas bien l'orientation de la remorque.

Analyse des erreurs

Même avec une seule réponse possible, beaucoup d'erreurs sur cette question. Près de 40% des candidats répondent B, c'est-à-dire le seul contrôle en vision directe en se retournant sans regarder dans les rétroviseurs. On pouvait dans l'absolu répondre AB (13% d'entre vous) mais c'est oublier qu'il y a toujours au moins une mauvaise réponse à l'épreuve du code de la route. Ne tombez pas dans ce piège facile.

Thème : C - Le conducteur

16

Question

Je tourne à droite à cette intersection sans signalisation. Je peux passer :

sans m'arrêter

OUI ________ *A* ❑ *NON* ________ *B* ❑

sans contrôler à gauche

OUI ________ *C* ❑ *NON* ________ *D* ❑

Taux de mauvaises réponses :

52.04%

Bonnes réponses : AD

Lorsque j'aborde une intersection sans signalisation, je dois appliquer la règle de la priorité à droite. Je ne suis pas obligé de m'arrêter mais même si je suis prioritaire, je dois m'assurer que la voie est dégagée et qu'aucun autre usager ne force le passage. Je n'oublie pas non plus de contrôler à droite qu'un véhicule ne soit pas sur ma voie de circulation, lors d'un dépassement par exemple ou en présence d'un véhicule encombrant.

Analyse des erreurs

Le plus grand nombre d'erreurs sur cette question porte sur l'arrêt obligatoire que vous vous imposez en abordant une intersection sans signalisation (49,38% de réponses BD). Rappelez-vous que seul un feu rouge ou le signal "stop" vous impose un temps d'arrêt obligatoire. Pour franchir une intersection sans signalisation ou avec un cédez-le-passage, l'arrêt n'est jamais imposé. Il peut toutefois être nécessaire s'il faut céder le passage à de nombreux usagers.

Question

Ce type de route :
augmente la vigilance
OUI ________ *A* ❑ *NON* ________ *B* ❑
autorise l'usage du téléphone bluetooth
OUI ________ *C* ❑ *NON* ________ *D* ❑

Taux de mauvaises réponses

51.67%

Bonnes réponses : BD

Lorsque je circule hors agglomération sur une route droite et monotone, avec peu de véhicules croisés ou suivis, j'ai tendance à relâcher ma vigilance, avec le risque de m'assoupir voire de m'endormir. Si j'utilise le GPS, je reste attentif et suis prêt à le désactiver à tout moment. Je ne dois pas profiter de cette ligne droite, pensant qu'il n'y a aucun risque, pour utiliser le téléphone, même en bluetooth. C'est dans ce type de circonstance que les prises de risque sont les plus grandes. 75 % des accidents mortels se produisent en ligne droite. Je dois me méfier.

Analyse des erreurs

C'est la notion d'augmentation de la vigilance qui vous a fait commettre le plus grand nombre d'erreurs (37.49% de réponses AD). Peut-être avez-vous compris que sur ce type de route, il fallait augmenter la vigilance. Dans ce cas, ce serait juste une mauvaise lecture de la question. Restez attentif aux phrases écrites.

Thème : C - Le conducteur

18

Question	Taux de mauvaises réponses :
En circulation, il existe des indices : *formels* _____ *A* ❑ *informels* _____ *B* ❑ **Le soleil peut être un indice utile :** *OUI* ________ *C* ❑ *NON* ________ *D* ❑	**51.63%**

Bonnes réponses : ABC

En circulation, il faut recueillir le maximum d'informations utiles. Ces informations sont données par les indices, qu'ils soient formels ou informels. Les indices formels sont ceux qui ont été placés de façon intentionnelle, comme les feux ou les panneaux, qui normalement signifient la même chose pour tout le monde. Mais d'autres indices nous apportent aussi de l'information, mais de manière moins officielle. C'est ainsi qu'on ralentit davantage lorsqu'on aborde une intersection avec un masque visuel important plutôt que dans une intersection très dégagée. Les indices liés à l'environnement ou à la météo sont utiles, comme le soleil qui peut certes nous éblouir, mais aussi nous indiquer la présence d'un usager éventuel grâce à son ombre portée.

Analyse des erreurs

Vous avez pensé, dans la grande majorité, qu'il y avait seulement deux bonnes réponses (19.69% de réponses AC et 19.37% de réponses BC). Vous n'aviez probablement encore jamais entendu parler des indices formels et informels. Relisez bien l'explication ci-dessus, car ce type de question revient souvent.

Thème : C - Le conducteur

19

Question

En abordant un feu vert, je dois mettre le pied face au frein :

OUI ________ *A* ❑ *NON* ________ *B* ❑

La distance d'arrêt de mon véhicule à 40 km/h est de :

*12 mètres*___ *C* ❑ *16 mètres*____ *D* ❑

Taux de mauvaises réponses

51.38%

Bonnes réponses : AD

Un feu vert peut changer à tout moment de couleur et devenir jaune fixe. Le jaune fixe, qui est un feu d'arrêt, dure généralement 3 secondes. Aussi, 3 secondes avant d'arriver sur ce feu vert, je dois être capable de mettre le pied face au frein au cas où il change de phase. A 40 km/h, la distance d'arrêt de mon véhicule correspond à la distance parcourue pendant le temps de réaction, forcément réduite si j'ai déjà le pied droit face au frein, à laquelle il faut ajouter la distance de freinage. Un calcul rapide de cette distance d'arrêt consiste à multiplier le chiffre des dizaines de la vitesse par lui-même. A 40 km/h, c'est donc 16 mètres qu'il faut pour s'arrêter.

Analyse des erreurs

Visiblement, vous ne savez pas calculer de manière rapide la distance d'arrêt d'un véhicule en multipliant le chiffre des dizaines de la vitesse par lui-même. Ou alors vous avez des difficultés de calcul mental, mais dans ces conditions cela fait peur car vous êtes quand même 42.38% à répondre AC.

Thème : C - Le conducteur

20

Question

L'usage de certains médicaments vendus sans ordonnance peut :

diminuer le temps de réaction

OUI ________ *A* ❑ *NON* ________ *B* ❑

provoquer des somnolences et des vertiges

OUI ________ *C* ❑ *NON* ________ *D* ❑

Taux de mauvaises réponses :

50.04%

Bonnes réponses : BC

Les médicaments et la conduite ne font pas bon ménage. En effet, ils peuvent provoquer une augmentation du temps de réaction, ainsi que des somnolences ou des vertiges. Y compris ceux qu'on achète sans ordonnance. C'est pour cette raison qu'il existe des pictogrammes sur les boîtes de médicaments. Ils permettent au conducteur de connaître le niveau des effets secondaires incompatibles avec la conduite.

Analyse des erreurs

C'est souvent une confusion dans les termes utilisés qui vous amène à faire des erreurs. En répondant AC à 47.34%, soit vous avez cru interpréter une diminution des capacités de réaction en lisant "diminuer le temps de réaction", soit vous pensez que les médicaments vendus sans ordonnance n'ont aucune influence sur le temps de réaction. Méfiez-vous de ces questions, dont le libellé peut tromper.

Thème : R - La route

01

Question

Le danger se situe à 150 m :

OUI ________ *A* ❑ *NON* ________ *B* ❑

Je ralentis :

OUI ________ *C* ❑ *NON* ________ *D* ❑

Taux de mauvaises réponses

90.79%

Bonnes réponses : BD

En règle générale les panneaux de danger sont implantés à 50 m, ou à 150 m du danger qu'ils annoncent, selon qu'ils sont placés en agglomération ou hors agglomération. Mais ce panneau qui annonce un double sens de circulation est le seul qui soit placé à l'endroit même du danger qu'il annonce. Il est de règle de ralentir en présence d'un panneau de danger, mais ici je suis sur une voie d'insertion. Je profite donc de l'espace qu'il y a entre mon véhicule et le véhicule que j'aperçois dans le rétroviseur pour m'insérer.

Analyse des erreurs

Il y a un double piège dans cette question, sur la définition du panneau de danger, et sur la nécessité ou pas de ralentir. La majorité des réponses (51,3 % ont répondu BC) montre la connaissance du panneau comme étant le seul à être en position, et non placé à 150 mètres du danger. Mais le fait de répondre qu'il est ici nécessaire de ralentir a entraîné de fait une mauvaise réponse. Il n'est pas toujours obligatoire de ralentir quand la question le suggère

Thème : R - La route

02

Question

La signalisation indique :

un ralentisseur ______ *A* ❑

une interdiction de dépasser ______ *B* ❑

une succession de virages ______ *C* ❑

une limitation de vitesse ______ *D* ❑

Taux de mauvaises réponses :

86,85%

Bonnes réponses : BC

Le premier panneau annonce une succession de virages dont le premier est à gauche. Le second panneau annonce un cassis ou dos-d'âne. La ligne continue, bien qu'interrompue par deux fois ne permet pas le dépassement. Quant à la vitesse, c'est à moi de m'adapter.

Analyse des erreurs

Près de 50 % des candidats ont répondu AC au lieu de BC. Le taux de réponses extrêmement bas peut s'expliquer par deux problèmes différents. D'abord un souci de vocabulaire et l'interprétation du mot "signalisation" sur la seule signification de son caractère vertical (panneau), en oubliant qu'elle est aussi horizontale (marquage au sol) et que donc le dépassement est interdit à cet endroit. La seconde explication du taux d'erreur est la confusion entre ralentisseur et cassis ou dos d'âne, dont le symbole est différent à l'intérieur du panneau de danger.

Question

A 100 m, il y a :

un parking ______ A ❑

un point de départ pour circuit de ski de fond ___ B ❑

un point de vue ______ C ❑

Taux de mauvaises réponses :

81.46%

Bonnes réponses : AC

Ce panneau signale un point de vue. En général, ce panneau est situé sur les hauteurs et en montagne, afin de pouvoir admirer le paysage. A 100 m, je pourrai stationner mon véhicule car il doit y avoir aussi un parking. Un panneau signalant un départ de piste de ski de fond est autre.

Analyse des erreurs

Une majorité de réponses C (77,78%) montre une bonne connaissance du panneau qui indique un point de vue à proximité. Le piège réside dans la présence nécessaire du parking pour pouvoir admirer ce point de vue. Cette réponse A a été trop largement oubliée.

Thème : R - La route

04

Question

Je peux utiliser les feux de brouillard avant :
en remplacement de mes feux de croisement
OUI ________ *A* ❑ *NON* ________ *B* ❑
en complément de mes feux de croisement
OUI ________ *C* ❑ *NON* ________ *D* ❑

Taux de mauvaises réponses :

80.34%

Bonnes réponses : AC

Lorsque la visibilité est détériorée comme ici par les conditions météorologiques, je dois actionner mes feux de croisement. Si mon véhicule est équipé de feux de brouillard avant, je peux les allumer en complément ou en remplacement de mes feux de croisement.

Analyse des erreurs

La majorité des réponses (72,68% de BC) montre la méconnaissance de la possibilité d'utiliser les feux de brouillard avant en remplacement des feux de croisement, et pas forcément seulement en complément de ceux-ci. On peut préciser qu'il faut tout de même allumer les feux de position si les feux de croisement ne sont pas utilisés.

Thème : R - La route

05

Question

Je dois circuler :

sans feux	A ❑
en feux de croisement	B ❑
en feux de brouillard avant	C ❑
en feux de brouillard arrière	D ❑

Taux de mauvaises réponses :

77.51%

Bonnes réponses : BD

Par temps de brouillard, mon véhicule doit être visible de jour pour les autres usagers. De nuit, il doit être visible aussi mais je dois avoir une visibilité optimale afin de le diriger en toute sécurité et en toutes circonstances. Dans des conditions météo difficiles où la visibilité est réduite pour tout le monde, comme ici par temps de brouillard, je dois circuler en feux de croisement, et avec mon ou mes feux de brouillard arrière allumés. Les feux de brouillard avant sont facultatifs.

Analyse des erreurs

Avec 36,95% de réponses BCD, on remarque que les candidats estiment l'usage des feux de brouillard avant obligatoire, en plus des feux de croisement et du ou des feux de brouillard arrière. Ce n'est pas possible car l'équipement des véhicules en feux de brouillard avant n'est déjà lui-même pas obligatoire. On ne peut donc en imposer l'usage.

Thème : R - La route

06

Question

Je peux passer sur la voie juste à ma droite :
pour continuer sur Paris
OUI ________ *A* ❑ *NON* ________ *B* ❑
pour emprunter la sortie
OUI ________ *C* ❑ *NON* ________ *D* ❑

Taux de mauvaises réponses :

76.88%

Bonnes réponses : AD

Cette ligne rapprochée n'est pas une ligne de dissuasion comme celles qu'on trouve sur les routes étroites et sinueuses. On peut la franchir pour effectuer un dépassement ou pour revenir dans la voie de droite. Elle a pour seul but de dissuader de passer directement de la voie sur laquelle je circule vers la sortie ; ce qui est une manœuvre dangereuse. Je peux l'emprunter pour aller vers Paris mais pas pour sortir.

Analyse des erreurs

La voie de droite permet de continuer vers Paris ou de sortir, mais placé où je suis, je ne peux pas directement emprunter la sortie. C'était le piège ici, le marquage pointillé rapproché devait m'avertir de l'impossibilité de cette manœuvre. C'est pourquoi le plus grand nombre de réponses fausses étaient AC (34,25%).

Thème : R - La route

07

Question

Sur cette route peuvent circuler :

des poids lourds ______ A ❑

des cyclomoteurs ______ B ❑

des motocyclettes ______ C ❑

des véhicules agricoles ______ D ❑

Taux de mauvaises réponses :

74.27%

Bonnes réponses : AC

Ce panneau annonce que j'entre sur une route à accès réglementé. Elle est réservée aux véhicules atteignant une vitesse suffisante, de façon à ne pas gêner la circulation rapide. Les véhicules agricoles et les cyclomoteurs ne sont pas autorisés à circuler sur ce type de route.

Analyse des erreurs

Les règles d'accès associées à ce panneau ne sont clairement pas bien connues. Pour faire simple, souvenez-vous que sur les routes à accès réglementé, ce sont les mêmes règles d'accès que sur autoroute. Il n'est donc pas possible d'y accéder à cyclomoteur ou en tracteur agricole.

Thème : R - La route

08

Question
Je vais tout droit :
je cède le passage à droite
OUI ________ *A* ❑ *NON* ________ *B* ❑
je cède le passage à gauche
OUI ________ *C* ❑ *NON* ________ *D* ❑

Taux de mauvaises réponses :

71.94%

Bonnes réponses : BD

Quand la configuration d'une intersection est ambiguë, les panneaux de priorité peuvent être accompagnés de panonceaux-schémas. Ils sont placés avant l'intersection pour indiquer la branche prioritaire. Celle-ci est indiquée par un trait en caractère gras. Je vais tout droit, je quitte donc la route prioritaire. Les véhicules arrivant par ma droite ne circulent pas sur la route prioritaire. Ce n'est pas le cas des véhicules arrivant sur ma gauche, mais je ne croise pas leur route. Je ne cède le passage ni à droite, ni à gauche, d'autant que l'intersection est réglée par des feux tricolores, et que ceux-ci sont actuellement verts.

Analyse des erreurs

Ces panonceaux-schémas posent d'énormes soucis aux candidates et candidats. 29,68% répondent BC, 24,22% répondent AD, et 17,04% répondent AC. On voit l'étendue du problème. Le trait en caractère gras est pourtant sans équivoque. N'hésitez pas à imaginer la situation, les véhicules sortant des rues avec un "petit trait" ayant systématiquement un cédez-le-passage ou un stop.

Thème : R - La route

09

Question

Je peux dépasser cet usager qui recule lentement :

OUI ________ *A* ❑ *NON* ________ *B* ❑

Taux de mauvaises réponses :

71.71%

Bonne réponse : A

Au regard de l'environnement, cet usager manœuvre pour bien se ranger le long du trottoir. Bien que la visibilité vers l'avant soit très réduite, aucun usager ne peut arriver en face, car la flèche au sol rappelle que je circule dans une rue à sens unique. Je passe donc à allure réduite.

Analyse des erreurs

Pourquoi tant de mauvais réponses ? Vous vous êtes laissé influencer par la direction de la roue avant gauche, sans véritablement lire la question, dans laquelle on précise nettement que le véhicule recule. Il ne peut donc pas se diriger vers nous, mais vers son stationnement.

Thème : R - La route

10

Question

En règle générale, ce panneau est implanté :

tous les 2 km ______ *A* ❑
tous les 5 km ______ *B* ❑
après l'intersection ______ *C* ❑
avant l'intersection ______ *D* ❑

Taux de mauvaises réponses :

70.37%

Bonnes réponses : BC

Les routes à caractère prioritaire sont signalées par ce panneau. Tous les 5 kilomètres, ce panneau est rappelé sur la route concernée. Cette indication est aussi rappelée après chaque intersection.

Analyse des erreurs

Ce panneau de route à caractère prioritaire est peu perçu comme un panneau de rappel, c'est pourquoi un grand nombre de réponses le place avant l'intersection, au lieu de placer après (19,15% répondent BD). Les autres mauvaises réponses montrent une mauvaise régularité d'implantation à 2 km au lieu de 5 km (9,45% répondent AD et 5,06% répondent AC).

Thème : R - La route

11

Question

Sous cette forte pluie, je dois circuler avec au moins :

les feux de position seuls ______ *A* ❑
les feux de croisement ______ *B* ❑
les feux de brouillard arrière ______ *C* ❑
les feux de brouillard avant ______ *D* ❑

Taux de mauvaises réponses :

68.82%

Bonne réponse : B

Sous cette pluie battante, je dois circuler avec au moins les feux de croisement. Les feux de position ne suffisent pas pour être perçus des autres conducteurs. Enfin, l'utilisation des feux de brouillard avant n'est pas obligatoire mais vivement recommandée. En revanche, les feux arrière de brouillard ne s'utilisent que s'il y a du brouillard ou de la neige.

Analyse des erreurs

Deux raisons expliquent un mauvais taux de bonnes réponses. La formulation "je dois" n'est pas assez prise en compte, ce qui fait répondre BD dans 28,51% des cas. Je "peux" utiliser les feux de brouillard avant, mais ce n'est pas obligatoire. La deuxième raison concerne la méconnaissance de l'interdiction de l'usage des feux de brouillard arrière lorsqu'il pleut (22,57% répondent BC).

Thème : R - La route

12

Question

La signalisation peut annoncer :

un débouché sur un quai ____________________ *A* ❑

une voie sur une berge ____________________ *B* ❑

un embarcadaire ____________________ *C* ❑

Taux de mauvaises réponses :

64.65%

Bonnes réponses : AB

Le panneau de danger triangulaire annonce un environnement particulier. Ici, il s'agit d'un débouché sur un quai ou une berge. Il peut être placé dans les ports de plaisance ou en bordure de rivière lorsque la route est proche de l'eau.

Analyse des erreurs

Ce panneau étant assez rare, il n'est pas très connu. Sa définition "débouché sur un quai ou une berge" n'est peut-être pas très explicite, le terme "berge", c'est-à-dire le bord d'un cours d'eau, pouvant être méconnu. C'est pourquoi 33,66% des candidats ont coché seulement la réponse "A".

Thème : R - La route

13

Question

L'abaissement des barrières est précédé par :
une sonnerie
OUI ________ *A* ❑ *NON* ________ *B* ❑
un feu jaune clignotant
OUI ________ *C* ❑ *NON* ________ *D* ❑

Taux de mauvaises réponses :

64.44%

Bonnes réponses : AD

Lci je vais m'engager sur un passage à niveau avec demi-barrières automatiques. Lorsqu'un train arrive, le cycle de fonctionnement est le suivant: 1) Une sonnerie retentit, pour attirer l'attention des usagers. 2) Un feu rouge clignote pour imposer l'arrêt aux usagers. 3) Les demi-barrières s'abaissent pour rendre impossible le franchissement du passage à niveau. Le feu clignotant est toujours rouge.

Analyse des erreurs

56,84% des candidat(e)s répondent AC à cette question, c'est-à-dire l'allumage d'un feu jaune clignotant à un passage à niveau. Ou il s'agit d'une confusion entre le jaune et le rouge, ou il s'agit d'une mauvaise lecture en n'étant concentré que sur le seul adjectif "clignotant". Attention à ne pas répondre trop vite.

Thème : R - La route

14

Question

J'ai la distance suffisante pour finir les deux dépassements :

OUI ________ *A* ❑ *NON* ________ *B* ❑

J'accélère au-dessus de 90 km/h :

OUI ________ *C* ❑ *NON* ________ *D* ❑

Taux de mauvaises réponses :

62.26%

Bonnes réponses : AD

Il me reste 300 m avant le début de la suppression du créneau. Soit un total de 450 m environ avant la réduction réelle à une seule voie. Cette distance suffit pour terminer les deux dépassements si je circule 20 km/h au dessus des deux usagers. Je ne suis pas cependant autorisé à dépasser la vitesse limite de 90 km/h.

Analyse des erreurs

Vous êtes 57,17% à répondre BD et donc à ne pas terminer le dépassement de ces deux véhicules. C'est un excès de prudence plutôt louable, mais souvenez-vous que lors d'un dépassement, sauf indication contraire, on considère toujours que vous circulez 20 km/h plus vite que les véhicules dépassés.

Thème : R - La route

15

Question

La signalisation indique que :
je circule sur une route à caractère prioritaire
OUI ________ *A* ❑ *NON* ________ *B* ❑
je dois céder le passage
OUI ________ *C* ❑ *NON* ________ *D* ❑

Taux de mauvaises réponses :

56.64%

Bonnes réponses : BD

Le panneau d'intersection, appelé flèche barrée, annonce que les autres usagers doivent céder le passage à la prochaine intersection, et seulement à celle-ci. C'est le losange bordé blanc à fond jaune qui indique une route à caractère prioritaire. De plus, le losange, barré ou non, serait renouvelé sur le panneau d'entrée d'agglomération.

Analyse des erreurs

Sur cette question, vous confondez clairement ce panneau de priorité "ponctuelle", valable uniquement pour l'intersection suivante, avec le carré jaune de route à caractère prioritaire, valable jusqu'à nouvel ordre. 46,56% d'entre vous ont répondu AD.

Thème : R - La route

16

Question

Placé où je suis, je peux :
tourner à gauche
OUI ________ *A* ❑ *NON* ________ *B* ❑
aller tout droit
OUI ________ *C* ❑ *NON* ________ *D* ❑

Taux de mauvaises réponses :

56.38%

Bonnes réponses : AC

Je roule sur une chaussée où les flèches de sélection au sol m'indiquent les directions à suivre. Je peux encore tourner à gauche en utilisant la voie de stockage qui commence, ou bien continuer tout droit. Si je désire tourner à gauche, je ne dois cependant pas tarder à me placer dans la voie de stockage, pour ne pas gêner les éventuels usagers derrière.

Analyse des erreurs

Vous êtes très nombreux (55.46%) à penser qu'il n'est plus possible de tourner ici à gauche. Mais tant que la première flèche de sélection n'est pas atteinte, c'est le repère que vous devez garder en tête, cette direction est toujours possible. En répondant BC, c'est ce qu'on appelle un excès de prudence dont on ne peut toutefois pas vous blâmer.

Thème : R - La route

17

Question

A cet endroit, les dangers peuvent être :

une succession de virages dangereux ____________ A ☐

une traversée éventuelle d'animaux sauvages __ B ☐

un croisement difficile ____________ C ☐

une chaussée verglacée ____________ D ☐

Taux de mauvaises réponses :

54.05%

Bonnes réponses : ABC

Dans cette situation, la signalisation m'avertit d'une succession de virages dangereux. Je devrai être vigilant. En revanche, certains indices m'indiquent aussi d'autres choses. Par exemple, le fait d'être en rase campagne annonce un risque de traversée d'animaux sauvages. Le fait que la route soit très étroite et sans marquage doit alerter sur un croisement difficile avec un autre véhicule. Par ce temps, il n'y a toutefois pas de risque d'avoir une chaussée verglacée, ni particulièrement glissante, sauf en présence d'éventuels gravillons.

Analyse des erreurs

Pour 20.95% d'entre vous ayant seulement répondu A, vous avez peut-être pensé qu'il fallait seulement donner la définition du panneau. Pour 19.47% de candidats ayant répondu AC, vous n'avez pas envisagé la problématique des animaux sauvages, présents très souvent en rase campagne. Enfin, il y a quand même près de 5% d'entre vous qui ont vu ici des risques de verglas, c'est surprenant...

Thème : U - Les autres usagers

01

Question

Pour dépasser ces cyclistes :

je dois laisser au moins 1,5 mètre de distance latérale

OUI ________ *A* ❑ *NON* ________ *B* ❑

il y a assez de place

OUI ________ *C* ❑ *NON* ________ *D* ❑

Taux de mauvaises réponses :

78.11%

Bonnes réponses : AC

Je dois laisser plus d'un mètre cinquante de distance latérale de sécurité puisque je circule hors agglomération. Un coup d'oeil dans le rétroviseur me donne une indication sur la place dont je dispose dans ma voie. J'ai suffisamment de place puisque les cyclistes serrent bien à droite. Cependant ces sportifs circulent vite, aussi je peux me poser la question de savoir si c'est utile de les dépasser alors que je dois ralentir pour aborder le carrefour giratoire.

Analyse des erreurs

Si vous n'avez aucune expérience de la conduite, c'est difficile d'évaluer s'il y a la place ou pas pour dépasser. Lorsqu'on passe le code sans avoir pris une seule leçon de conduite, cela peut expliquer que 74.02% des candidats répondent AD. C'est l'erreur principale commise ici.

Question

Je klaxonne ce piéton pour qu'il se range :

OUI ________ *A* ❑ *NON* ________ *B* ❑

Je peux le dépasser :

OUI ________ *C* ❑ *NON* ________ *D* ❑

Taux de mauvaises réponses :

71.62%

Bonnes réponses : BC

Je circule dans un lieu pittoresque où je dois cohabiter avec les piétons. Ma vitesse est ici réduite au pas et il n'y a aucune raison de klaxonner ce piéton. Au regard de l'espace disponible pour l'autre véhiucle, je peux dépasser lentement tout en serrant à gauche afin de laisser un mètre de distance latérale.

Analyse des erreurs

Majoritairement, vous n'utilisez pas le klaxon dans cette situation, et c'est bien. Mais vous décidez dans près de 71% des cas de faire acte de prudence extrême en ne décidant pas de dépasser ce piéton. la voiture devant nous montre pourtant qu'il est possible de dépasser tout en laissant un espace latéral d'au moins 1 mètre. C'est bien d'être prudent, mais il n'est pas utile de l'être en excès.

Thème : U - Les autres usagers

03

Question

Pour dépasser ce cycliste, je peux laisser un espace latéral de :

50 centimètres ______ *A* ❑
1 mètre ______ *B* ❑
1,5 mètre ______ *C* ❑
2 mètres ______ *D* ❑

Taux de mauvaises réponses :

69.35%

Bonnes réponses : CD

JOn ne vous demande pas quelle est la distance minimale à laisser pour dépasser mais combien d'espace on peut offrir pour la sécurité de ce cycliste. Le minimum est d'un mètre cinquante hors agglomération mais il n'est pas interdit, loin de là, d'en laisser deux si nécessaire.

Analyse des erreurs

Pour 20% d'entre vous, laisser 1 mètre suffit. On voit pourtant bien qu'on est ici hors agglomération. Pour ceux qui ont mis seulement C (33.20%), vous avez mal lu la question et le terme "je peux laisser...". Il faut être plus attentif au texte de la question. Et pour encore plus de 10% des candidats, vous répondez BCD, ce qui signifie que vous pensez être en agglomération, ou que vous ne connaissez pas la règle. Il y en a pour tous les goûts ici.

Thème : U - Les autres usagers

04

Question

Je fixe mon regard sur ce tracteur agricole :

OUI ________ *A* ❑ *NON* ________ *B* ❑

Je maintiens mon allure :

OUI ________ *C* ❑ *NON* ________ *D* ❑

Taux de mauvaises réponses :

61.22%

Bonnes réponses : BD

Pour croiser ce tracteur agricole, je dois ralentir car il prend toute la largeur de sa voie, et s'il fait un écart à gauche, il va être directement en conflit avec moi. En adaptant mon allure, le croisement sera plus facile. Je ne peux évidemment pas freiner trop fort non plus, à cause du véhicule qui me suit. Mon regard doit être porté principalement vers où je veux aller, c'est-à-dire loin devant. Je ne fixe pas le tracteur sinon je risque de me diriger sur lui. Il faut regarder loin, de façon large et mobile.

Analyse des erreurs

Vous avez peut-être confondu, ceux qui ont répondu AD (41,09%), que fixer son regard sur le tracteur agricole voulait dire être attentif à lui. Si c'est le cas, c'est une erreur mineure. Sinon, cela signifie que vous pensez nécessaire de fixer son regard sur un obstacle pour l'éviter au mieux. C'est malheureusement tout le contraire. Le geste suit le regard. C'est pourquoi l'apprentissage de la conduite devra être centré sur une pédagogie du regard.

Thème : U - Les autres usagers

05

Question

Les usagers qui me suivent sont considérés comme vulnérables :
OUI ________ A ❑ NON __________ B ❑
Ils sont susceptibles de me dépasser :
par la droite_ C ❑ par la gauche __ D ❑

Taux de mauvaises réponses :

60.90%

Bonnes réponses : ACD

Les usagers qui me suivent sont des motocyclistes et comme ils n'ont pas de carrosserie protectrice, ils sont particulièrement vulnérables. A moto, les possibilités de déplacement sont multiples. Même si les dépassements doivent s'effectuer par la gauche, dans les règles du code de la route, je dois me douter que ces usagers vont choisir la solution qui à leurs yeux présente le moins de risques. Ils peuvent donc à tout moment me dépasser par la droite si je laisse un espace disponible suffisant, ou par la gauche s'il n'y a pas d'espace à droite. Un contrôle permanent dans les 3 rétroviseurs est indispensable pour connaître les intentions précises de ces motards.

Analyse des erreurs

La majorité des réponses (AD pour 42.01% des candidats) n'envisage pas un dépassement des deux-roues par la droite. Peut-être pensiez-vous qu'il n'y avait qu'une seule réponse sur cette deuxième partie de la question. Attention aux propositions de réponses autres que OUI ou NON, car elles peuvent tromper.

Thème : U - Les autres usagers

06

Question

Pour dépasser le cyclomoteur :

je ne suis pas obligé de laisser un espace latéral _ A ❑

je suis obligé de laisser un espace latéral de 1 m minimum ______ B ❑

je suis obligé de laisser un espace latéral de 1 m 50 minimum ______ C ❑

Taux de mauvaises réponses :

54.56%

Bonne réponse : C

Pour dépasser un deux-roues hors agglomération, il faut toujours laisser un espace latéral d'1 m 50 au minimum, même si cet usager est comme ici sur sa voie réservée. Ce n'est qu'une bande cyclable, avec comme seule protection une ligne discontinue. Ce n'est donc pas suffisant pour assurer sa sécurité.

Analyse des erreurs

En étant le plus grand nombre à répondre B (47.16%), vous avez soit envisagé que vous circuliez ici en agglomération, soit vous ne connaissiez pas la règle de la distance latérale à laisser hors agglomération. Par ailleurs, près de 7% d'entre vous ne laissent aucun espace latéral. C'est dangereux pour les usagers vulnérables de raisonner ainsi.

Question

Chez les conducteurs de deux-roues, le port du casque peut réduire :
le risque de décès de
70% ________ *A* ❑ *40%* ________ *B* ❑
le risque de blessures graves de
70% ________ *C* ❑ *30%* ________ *D* ❑

Taux de mauvaises réponses :

54.27%

Bonnes réponses : BC

Les conducteurs de deux-roues meurent le plus souvent de blessures à la tête. Le port d'un casque réduit ce risque de 40 % et celui de blessures graves de 70 %.

Analyse des erreurs

Nous avons ici affaire à une question un peu technique, avec des connaissances statistiques requises. On peut dire que ce type de question peut accorder le droit à l'erreur. Le taux de bonnes réponses reste quand même la majorité. Pour les autres, vous avez considéré qu'il fallait choisir les chiffres maximum (AC pour 33.57%). Ce type de raisonnement peut parfois fonctionner, parfois pas ...

Thème : U - Les autres usagers

08

Question

Je devrai céder le passage aux cavaliers :
venant de droite
OUI ________ *A* ❑ *NON* ________ *B* ❑
venant de gauche
OUI ________ *C* ❑ *NON* ________ *D* ❑

Taux de mauvaises réponses :

53.94%

Bonnes réponses : BD

Ce panneau annonce seulement la présence régulière de cavaliers aux abords de cette route, mais il n'indique pas qu'il faille leur céder le passage, et encore moins d'où ils peuvent arriver. Comme il s'agit d'un panneau de danger, je vais tout de même ralentir en leur présence et éviter d'utiliser l'avertisseur sonore afin de ne pas effrayer les chevaux.

Analyse des erreurs

Ce panneau de danger avertit simplement du passage éventuel de cavaliers à 150 mètres Vous avez été plus de 40% à penser qu'il fallait céder le passage à ces cavaliers en répondant AC. C'est une méconnaissance de la définition de ce panneau qui, il faut l'avouer n'est pas très fréquent.

Thème : U - Les autres usagers

09

Question

Suivre ainsi un tramway est autorisé :

OUI ________ *A* ❑ *NON* ________ *B* ❑

Taux de mauvaises réponses :

51.68%

Bonne réponse : A

Cela peut paraître bizarre mais les voies de tramways sont parfois accessibles aux autres usagers comme ici. Tant que la signalisation n'interdit pas d'emprunter une voie de ce type, c'est que la circulation y est autorisée. Je peux donc suivre ou être suivi par un tramway. Je dois être toutefois particulièrement attentif à ne pas constituer une gêne pour lui, notamment ne pas l'obliger à ralentir s'il me suit.

Analyse des erreurs

Vous êtes une majorité de candidats à répondre NON à cette question (51.68% de réponses B). Et pourtant ce cas de figure existe dans certaines villes. Vous devrez en tenir compte si vous vous trouvez dans cette situation plus tard.

Thème : U - Les autres usagers

10

Question

Un convoi exceptionnel est toujours prioritaire :

OUI ________ *A* ❑ *NON* ________ *B* ❑

Je lui facilite le passage :

OUI ________ *C* ❑ *NON* ________ *D* ❑

Taux de mauvaises réponses :

50.31%

Bonnes réponses : BC

Ce convoi exceptionnel est de très grande dimension. De ce fait, il est obligatoirement escorté par la gendarmerie qui me fera ranger sur le côté ou attendre à l'intersection. Dans les autres cas ils sont considérés comme des usager normaux, mais il est plus facile pour moi de manœuvrer, ou de me ranger, pour assurer la fluidité du trafic et la sécurité. Je leur facilite le passage.

Analyse des erreurs

Vous êtes plus de 48%, à tort, à penser qu'un convoi exceptionnel est toujours prioritaire. C'est effectivement souvent le cas s'il est escorté par des forces de l'ordre, mais ce n'est pas toujours le cas. Méfiez-vous du terme "toujours" qui cache souvent un piège.

Thème : A - Les accidents

01

Question

En cas d'accident responsable, mon assurance peut refuser de couvrir :

mes propres dommages

OUI ________ *A* ❑ *NON* ________ *B* ❑

les dommages des passagers

OUI ________ *C* ❑ *NON* ________ *D* ❑

Taux de mauvaises réponses :

51.47%

Bonnes réponses : AD

L'assurance minimale obligatoire, appelée responsabilité civile, couvre les dommages causés aux tiers, c'est-à-dire aux personnes présentes dans le véhicule, et tous les autres usagers. En cas d'accident responsable, mon assurance ne couvrira pas mes frais d'hospitalisation, ni ceux pour la réparation du véhicule, sauf si je contracte une option couvrant le conducteur. Cette option est vivement recommandée, et elle fait partie des offres prioritaires des assureurs.

Analyse des erreurs

Si la majorité des réponses est correcte, 31% des candidats ne connaissent pas le principe de la responsabilité civile en répondant AC. Les tiers sont toujours couverts en cas d'accident responsable.

Thème : A - Les accidents

02

Question

Le nombre d'accidents mortels est plus élevé en agglomération qu'en dehors :

OUI ________ *A* ❑ *NON* ________ *B* ❑

Taux de mauvaises réponses :

50.73%

Bonne réponse : B

Comme il y a beaucoup de circulation en agglomération, les accidents matériels y sont plus nombreux qu'ailleurs. A contrario, du fait que la vitesse est élevée hors agglomération, les accidents mortels de circulation y sont plus nombreux.

Analyse des erreurs

Les erreurs sur ce type de réponses font partie des idées reçues très souvent répertoriées chez les conducteurs. S'il y a plus d'accidents en agglomération (70%), ils ne génèrent que 30% des tués. C'est la vitesse qui tue, pas la densité de circulation. 50,73% des candidats devraient en être convaincus.

Thème : M - Mécanique

01

Question

Sur le flanc extérieur d'un pneumatique, je vérifie :

qu'il n'y a pas une hernie ______ *A* ❑
qu'il n'y a pas de déchirure ______ *B* ❑
la présence du témoin d'usure ______ *C* ❑
la présence des picots ______ *D* ❑

Taux de mauvaises réponses :

80.43%

Bonnes réponses : AB

Sur le flanc extérieur d'un pneumatique, je dois vérifier qu'il n'y a pas une hernie ou une déchirure. S'il y en a, je dois procéder au remplacement du pneumatique, car il n'est pas possible de faire réparer ces avaries. Par contre, je ne trouverai pas de témoin d'usure sur le flanc. Ils se trouvent à l'intérieur des sculptures. Quand aux picots, ils n'ont aucune utilité.

Analyse des erreurs

Pour près de 47% d'entre vous, le témoin d'usure d'un pneumatique se trouve sur son flanc. Peut-être avez-vous mal lu la question !

Thème : M - Mécanique

02

Question

Sur un véhicule automobile, la roue de secours :
est obligatoire

OUI ________ *A* ❑ *NON* ________ *B* ❑

doit être gonflée à la pression des pneus avant

OUI ________ *C* ❑ *NON* ________ *D* ❑

Taux de mauvaises réponses :

77.41%

Bonnes réponses : BD

La roue de secours n'équipe plus désormais tous les véhicules, ce n'est donc pas une roue obligatoire. Elle est souvent remplacée par un dispositif de réparation provisoire comme une bombe anti-crevaison et éventuellement un gonfleur électrique d'appoint. Cette roue est parfois une simple « galette » avec laquelle la vitesse est limitée à 80 km/h. Si je possède une roue de secours, je dois bien évidemment vérifier que celle-ci est correctement gonflée à la pression la plus élevée des pneus de mon véhicule. Le plus souvent, les pneus arrière sont gonflés à une pression plus élevée que les pneus avant, pour permettre d'amortir un éventuel chargement ou le transport de passagers.

Analyse des erreurs

Les erreurs se répartissent ici sur la méconnaissance du fait que la roue de secours n'est pas obligatoire (29,66% de réponse AC et 7,58% de réponses AD) et sur le fait qu'il faut gonfler la roue de secours à la pression maximale, soit celle des roues arrière, et non celles des roues avant (39,8% de réponses BC).

Thème : M - Mécanique

03

Question

L'écart d'usure entre les deux roues d'un même essieu ne doit pas dépasser :

1 millimètres ______ *A* ❑

1,6 millimètres ______ *B* ❑

5 millimètres ______ *C* ❑

Taux de mauvaises réponses :

76.67%

Bonne réponse : C

Si un pneumatique ne doit pas avoir de profondeur de sculpture minimale inférieure à 1,6 millimètres, l'écart entre le pneumatique droit et gauche d'un même essieu ne doit pas être non plus trop important. Cet écart est fixé par la règlementation à un maximum de 5 millimètres.

Analyse des erreurs

Nous avons affaire ici à une réglementation moins connue sur les pneumatiques. Voilà pourquoi il y a eu confusion entre les profondeurs minimales de 1,6 mm pour 66,81% des candidats.

Thème : M - Mécanique

04

Question

Cette commande :

met en fonction les feux de brouillard avant

OUI ________ *A* ❑ *NON* ________ *B* ❑

peut être utilisée par temps de pluie

OUI ________ *C* ❑ *NON* ________ *D* ❑

Taux de mauvaises réponses :

76.56%

Bonnes réponses : BD

Cette commande permet de mettre en marche les feux de brouillard arrière. Si celle-ci avait concerné les feux de brouillard avant, le voyant aurait été vert et le sigle serait penché vers le bas. Je ne peux utiliser les feux de brouillard arrière que par temps de neige ou de brouillard. Jamais par temps de pluie, car ils sont très éblouissants.

Analyse des erreurs

Visiblement, les candidats(es) ne connaissent pas beaucoup les symboles du tableau de bord 41,51% répondent AC, pensant qu'il s'agit du symbole des feux de brouillard avant. Et plus de 33% se trompent en répondant AD ou BC, c'est un peu confus...

Thème : M - Mécanique

05

Question

Le voyant rouge signale :

une pression d'huile insuffisante ______________ *A* ❑

un manque de liquide de frein ______________ *B* ❑

une température trop élevée du liquide de refroidissement ______________ *C* ❑

un manque d'huile moteur ______________ *D* ❑

Taux de mauvaises réponses :

74.57%

Bonne réponse : A

Ce voyant, s'il s'allume en roulant, indique une pression d'huile insuffisante dans le moteur. Il ne m'indique pas un éventuel manque d'huile dans le moteur. Si je venais à manquer de liquide de frein ou si j'avais une température trop élevée du liquide de refroidissement, les voyants spécifiques s'allumeraient.

Analyse des erreurs

52,63% des candidats interprètent ce voyant comme un manque d'huile moteur. Bien sûr, s'il y a un manque d'huile, la pression sera insuffisante. Mais la définition de ce voyant est une pression d'huile insuffisante, ce qui peut être une cause autre que le simple manque d'huile.

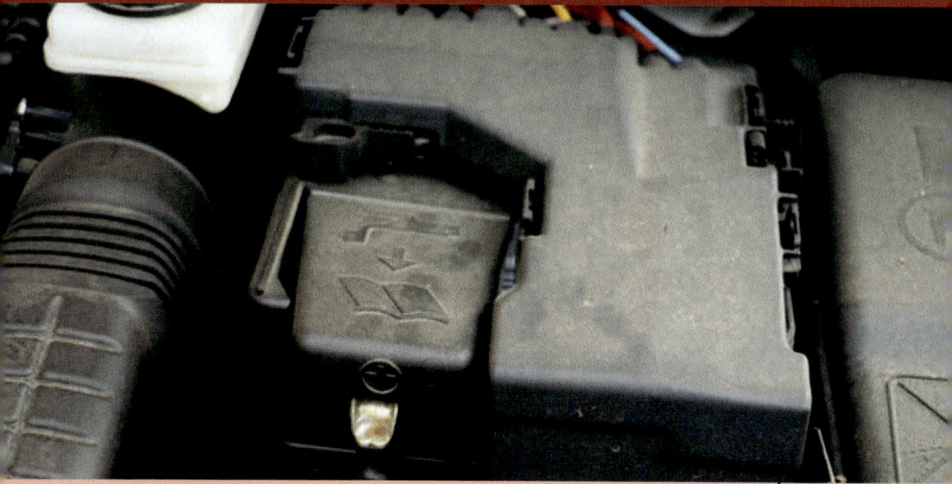

Question

Le voyant de la batterie s'allume sur mon tableau de bord et mes feux éclairent de moins en moins en circulant. Cela veut dire que :

ma batterie se décharge ________________ *A* ❑

ma batterie n'est plus rechargée ________________ *B* ❑

ma batterie ne fonctionne plus ________________ *C* ❑

Taux de mauvaises réponses :

71.35%

Bonnes réponses : AB

La batterie sert à stocker l'électricité pour alimenter tous les accessoires comme l'autoradio, les feux, ou encore le dégivrage. C'est une grosse pile. Elle est constamment chargée d'énergie par l'alternateur qui produit l'électricité. Si celui-ci ne fonctionne plus, la batterie n'est plus rechargée, vidant ainsi son niveau jusqu'à épuisement et décharge complète. Ceci entraîne une baisse de luminosité des feux par exemple. L'allumage du voyant au tableau de bord permet d'avertir le conducteur.

Analyse des erreurs

Pour près de 44% des candidats, il n'y a que la réponse "A" de choisie. La batterie effectivement se décharge. Mais l'oubli du fait qu'elle n'est plus rechargée démontre la méconnaissance du système de l'alternateur censé recharger la batterie en roulant. Si ce n'est pas le cas, soit l'alternateur est en panne, soit la courroie qui le fait tourner est cassée.

Thème : M - Mécanique

07

Question

Remplir le réservoir de lave-glace avec de l'eau est :

autorisé ____________ A ❑
déconseillé ____________ B ❑
interdit ____________ C ❑

Taux de mauvaises réponses :

70.97%

Bonnes réponses : AB

Si je n'ai pas de produit lave-glace spécifique, je peux mettre de l'eau dans le réservoir. Mais ce n'est pas recommandé, car l'eau seule n'est pas efficace pour nettoyer correctement le pare-brise. Il est préférable d'utiliser des agents nettoyants et dégraissants. L'eau seule risque d'étaler la saleté plutôt que de l'enlever. De plus, l'hiver, il peut geler, et le réservoir risque d'éclater.

Analyse des erreurs

Là encore, deux réponses étaient requises, ce qui n'a pas semblé évident aux candidats. 49,09% ont répondu "B". Pourtant, si c'est seulement déconseillé, c'est que ce n'est pas interdit. Ce qui n'est pas interdit est autorisé, c'est logique. Cette logique ne semble toutefois pas partagée par la majorité.

Question

Ce voyant peut signaler :
le serrage du frein à main
OUI ________ *A* ❑ *NON* ________ *B* ❑
un niveau insuffisant de liquide de frein
OUI ________ *C* ❑ *NON* ________ *D* ❑

Taux de mauvaises réponses :

68.86%

Bonnes réponses : AC

Ce voyant peut avoir deux significations. Soit il indique le serrage du frein à main, dans ce cas il ne s'agit pas d'un voyant d'alerte urgente, mais seulement l'indication d'un oubli gênant pour la progression de mon véhicule. Soit il peut indiquer un niveau insuffisant de liquide de frein. Dans ce cas, l'arrêt immédiat est obligatoire pour vérification. Je dois ensuite faire appel à un garagiste.

Analyse des erreurs

Le fait que ce voyant puisse avoir deux significations n'est pas très connu des candidats. On aurait pu penser que la majorité d'entre eux n'interprétaient qu'une défaillance du système de freinage, comme un manque de liquide de frein, mais c'est le contraire. 43,36 de réponses "AD" contre 24% de réponses "BC". Surprenant sachant qu'un voyant de frein de parc serré existe spécifiquement sur certains véhicules.

Question

Je dois vérifier régulièrement l'état de mes fusibles :

OUI ________ *A* ❑ *NON* ________ *B* ❑

Taux de mauvaises réponses :

68.26%

Bonne réponse : B

Un fusible ne nécessite aucune vérification régulière. Lorsqu'il ne fonctionnera plus, c'est à dire s'il est grillé, il y aura un dysfonctionnement électrique dans mon véhicule. Cela signifiera qu'il faudra que je remplace le fusible par un fusible identique, soit ici un fusible bleu de 15 ampères.

Analyse des erreurs

Le piège ici réside dans la confusion entre le mot "état" et le mot "présence". Un fusible présent dans la boîte à fusibles est par définition en état. 68,11% des candidats ont fait cette erreur. Il faut simplement vérifier que la boîte à fusible comporte des fusibles de remplacement.

Thème : M - Mécanique

10

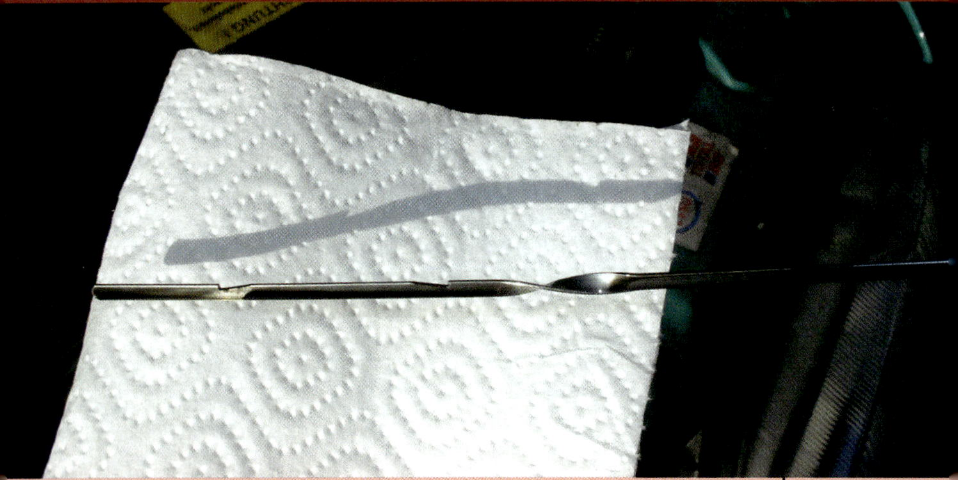

Question

Je contrôle l'huile moteur de mon véhicule.
Le niveau doit se situer au maximum :
OUI ________ *A* ❑ *NON* ________ *B* ❑
L'huile doit être claire :
OUI ________ *C* ❑ *NON* ________ *D* ❑

Taux de mauvaises réponses :

66.75%

Bonnes réponses : BD

Lorsque je contrôle l'huile du moteur de mon véhicule, je dois tout d'abord vérifier son niveau. Le niveau correct est atteint lorsque l'huile se situe entre le repère minimum et le repère maximum. Il n'est nul besoin que l'huile atteigne impérativement en permanence le maximum. La couleur de l'huile peut me donner des renseignements sur l'état du moteur. Toutefois, je ne dois pas m'affoler si l'huile est noire. Selon les moteurs, cela peut être normal. Si j'ai un doute, je consulte un garagiste.

Analyse des erreurs

La majorité des mauvaises réponses (38% de réponses "BC") considère que l'huile doit être claire. Juste après une vidange, c'est peut-être le cas, mais entre deux vidanges, celle-ci peut noircir de façon normale. Pour 21,8% d'entre vous ayant répondu "AC", non seulement vous pensez que l'huile doit être claire, mais en plus vous pensez que celle-ci doit être au repère maximum. Attention, cela peut être dangereux de mettre trop d'huile dans un moteur diesel.

Thème : M - Mécanique

11

Question

Il est préconisé de changer les balais d'essuie-glace :

environ une fois par an ____________ *A* ❑

avant la mauvaise saison ____________ *B* ❑

dès qu'ils font du bruit ____________ *C* ❑

tous les deux mois ____________ *D* ❑

Taux de mauvaises réponses :

65.28%

Bonnes réponses : ABC

Les essuie-glace avant sont obligatoires (au moins un) et leur fonctionnement doit permettre un nettoyage correct du pare-brise. La durée de vie moyenne d'un balai d'essuie-glace est de 12 mois. Les variations de température entre l'hiver et l'été, et même au sein d'une même journée, endommagent le caoutchouc des balais. Cela a des conséquences bien réelles sur la visibilité du conducteur par temps de pluie et donc sur sa sécurité. Il est donc nécessaire de les changer au moins une fois par an, et si possible avant la mauvaise saison où ils vont être particulièrement sollicités. Des balais d'essuie-glace qui grincent, qui sont lents ou qui essuient mal, laissant des traces sur le pare-brise, sont d'autres signes indiquant la nécessité d'un remplacement au plus vite.

Analyse des erreurs

Vous avez été très hésitants à mettre 3 réponses à cette question avec 4 propositions. 21,09% de réponses "AB" ; 18,31% de la seule réponse "A" et 16,85% de réponses "AC". L'erreur n'est pas illustrée ici par de mauvaises réponses, mais seulement par un manque de bonnes réponses.

Thème : M - Mécanique

12

Question

Je constate une baisse importante du niveau de liquide de frein :

je fais appel à un garagiste ______ A ☐

je rajoute du liquide de frein ______ B ☐

j'évite de freiner fort ______ C ☐

Taux de mauvaises réponses :

64.85%

Bonne réponse : A

Si je constate une baisse importante du niveau de liquide de frein, c'est qu'il y a un problème sérieux. Il est dangereux de rajouter du liquide de frein sans chercher la cause de cette baisse. Je ne peux pas non plus me permettre de continuer à rouler en évitant de freiner fort. Les freins fonctionnent ou entièrement ou pas du tout. Je dois impérativement faire appel à un garagiste.

Analyse des erreurs

Il s'agit ici d'une question pouvant mettre en jeu dans le futur la sécurité pour vous et pour les autres. 18,78% des candidats répondent seulement "B", c'est-à-dire ajoutent du liquide sans amener le véhicule chez le garagiste. C'est vraiment un comportement dangereux. Vous avez aussi pensé qu'il y avait forcément plusieurs bonnes réponses (16,68%de réponse "AB" et 16,05% de réponses "AC"). Ces comportement sont plus sécuritaires mais excessifs.

Thème : M - Mécanique

13

Question

Je circule à 110 km/h et mon volant vibre de plus en plus au fur et à mesure que j'augmente ma vitesse. J'ai un problème :

de pression des pneus ____________ A ❑

de parallélisme ____________ B ❑

d'équilibrage des roues ____________ C ❑

Taux de mauvaises réponses :

64.38%

Bonne réponse : C

Plus j'augmente l'allure du véhicule, plus les roues tournent vite. L'équilibrage des roues se fait par la mise en place de petits plombs sur les jantes, qui permettent de conserver à l'ensemble pneu-jante une masse homogène, et ainsi éviter ce qu'on appelle le balourd. Si des vibrations se forment dans la direction, à allure rapide, cela vient sûrement d'un problème d'équilibrage. Il arrive, parfois, qu'un plomb saute et entraîne le déséquilibrage de la roue. Le comportement à adopter est de réduire l'allure, pour réduire les vibrations afin de ne pas endommager d'autres parties mécaniques et de faire la réparation, dans un garage, le plus tôt possible.

Analyse des erreurs

Le défaut de parallélisme est la cause principale des erreurs sur cette question. 31,15% des candidats répondent "B", pensant que le parallélisme déréglé peut engendrer des vibrations. Le risque est surtout une usure irrégulière entre pneumatiques.

Thème : M - Mécanique

14

Question

En montant ou en descendant des ralentisseurs de type dos d'âne, mon véhicule fait de grosses secousses. Cela peut être un problème dû :

aux pneus _______________ *A* ❑
aux amortisseurs _______________ *B* ❑
aux freins _______________ *C* ❑
à la direction _______________ *D* ❑

Taux de mauvaises réponses :

63.64%

Bonne réponse : B

Un véhicule est en contact avec la route grâce aux pneus, mais pour être efficaces, ceux-ci doivent rester en contact permanent avec le sol, sans décoller ou sauter à chaque bosse ou chaque trou. Les amortisseurs permettent le maintien des pneus au sol et vont amortir les chocs en les atténuant. Le conducteur ressent les bosses ou les trous, mais de façon plus limitée, plus douce, afin de maintenir le confort dans l'habitacle. Le fait de ressentir avec violence et à-coups le passage sur un ralentisseur ou un trou indique un problème d'amortisseurs. Cela n'empêche pas de circuler mais il faut s'en soucier au plus tôt pour préserver le confort des passagers et la mécanique du véhicule.

Analyse des erreurs

La majorité des réponses ("AB" pour 38,92%) estiment qu'il s'agit à la fois d'un problème de pneus et d'amortisseurs. Il n'y avait pourtant qu'une seule bonne réponse à cette question, l'état des pneus n'ayant pas d'influence sur de grosses secousses en passant sur un ralentisseur.

Thème : M - Mécanique

15

Question

J'ai une entaille sur le flanc de mon pneumatique.
Je peux circuler avec ce pneu :
OUI ________ *A* ❑ *NON* ________ *B* ❑
Je peux faire réparer ce pneu par un spécialiste :
OUI ________ *C* ❑ *NON* ________ *D* ❑

Taux de mauvaises réponses :

60.80%

Bonnes réponses : BD

Un pneu entaillé ou déchiré sur le flanc est inutilisable. Il est très dangereux de l'utiliser, car il peut éclater à tout moment. Je ne peux malheureusement pas non plus le faire réparer. Toute déchirure, entaille ou hernie sur le flanc d'un pneumatique entraîne l'obligation de le remplacer, même s'il n'est pas usé par ailleurs. Je remplace donc ce pneu.

Analyse des erreurs

53,24% des candidats pensent, en répondant "BC", qu'il est possible de faire réparer un pneu entaillé sur son flanc. Il faut réviser les vérifications à l'extérieur du véhicule, car c'est au programme. C'est une situation qui risque d'impacter fortement la sécurité de circulation, un conducteur débutant ne doit pas avoir ce type de croyance.

Thème : M - Mécanique

16

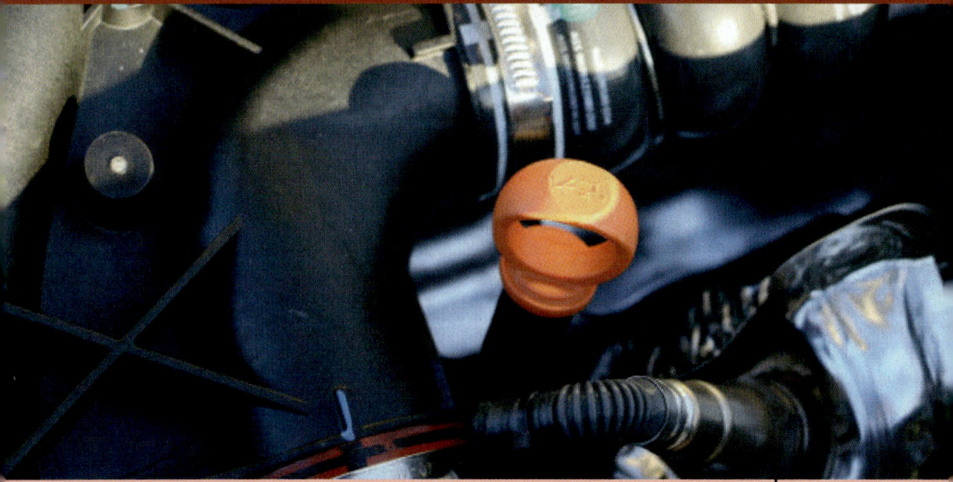

Question	Taux de mauvaises réponses :
Un important manque d'huile du moteur peut entraîner :	**60.19%**
une surchauffe du moteur ______ A ❑	
une casse du moteur ______ B ❑	
une meilleure lubrification du moteur ______ C ❑	
le blocage de la boîte de vitesse ______ D ❑	

Bonnes réponses : AB

Si le moteur manque d'huile, il risque d'abord une surchauffe. Dès l'allumage du voyant de pression d'huile ou de température excessive du moteur, je dois m'arrêter. Sans huile, les pièces en mouvement du moteur ne sont plus lubrifiées, et la casse est inévitable. La boîte de vitesse n'est pas concernée par l'huile moteur.

Analyse des erreurs

Il n'y avait que deux réponses dans cette situation. Pour ceux qui ont répondu "ABD" (41,45% des candidats), sachez que l'huile moteur est indépendante de l'huile présente dans la boîte de vitesses.

Thème : M - Mécanique

17

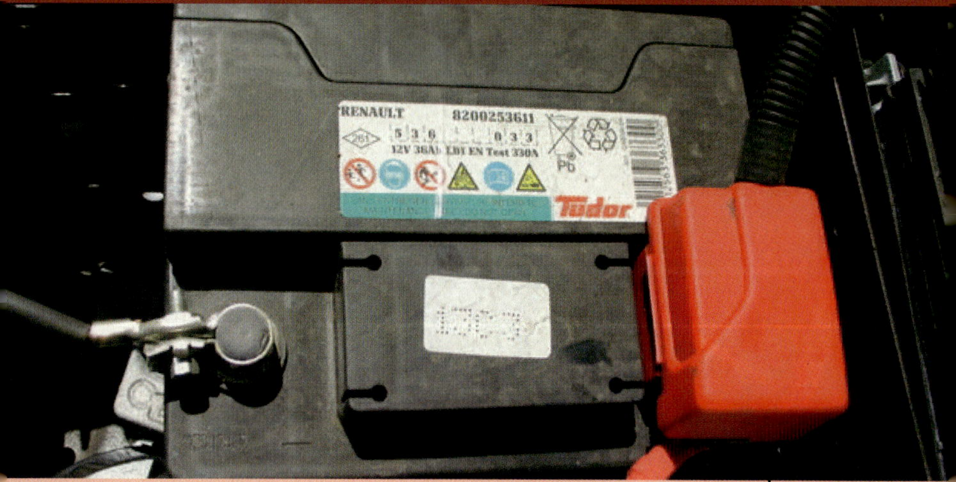

Question

Moteur à l'arrêt, parmi ces accessoires, lesquels peuvent entraîner la décharge de la batterie :

les feux ____ *A* ❑
l'autoradio ____ *B* ❑
la climatisation ____ *C* ❑
le plafonnier ____ *D* ❑

Taux de mauvaises réponses :

60.16%

Bonnes réponses : ABD

Lorsque le moteur est éteint, si je laisse mes feux ou la lumière du plafonnier allumés, ou bien encore la radio en fonctionnement, la batterie va se décharger petit à petit. Je risque d'être en panne et de ne pas pouvoir redémarrer. En revanche, la climatisation étant inopérante lorsque le moteur est à l'arrêt, je ne peux pas décharger ma batterie de cette manière.

Analyse des erreurs

Si la plupart des réponses sont correctes, 23,72% des réponses "ABC" sous-estiment la consommation du plafonnier, c'est-à-dire la lumière à l'intérieur du véhicule. La climatisation ne peut pas fonctionner si le moteur est à l'arrêt.

Thème : M - Mécanique

18

Question

Ce tableau de bord nous informe que :

le moteur tourne ______ A ❑

le frein de stationnement est toujours serré ______ B ❑

la ceinture de sécurité du conducteur est bouclée C ❑

le clignotant droit est activé ______ D ❑

Taux de mauvaises réponses :

58.76%

Bonne réponse : B

Sur ce tableau de bord, plusieurs voyants sont allumés. Le contact est donc enclenché. Mais le moteur n'est pas mis en route car le compte-tours est sur « OFF ». Un voyant rouge indique que le frein de stationnement (ou frein à main) est toujours serré. Au-dessus, l'autre voyant rouge nous informe que la ceinture de sécurité du conducteur n'est toujours pas bouclée. Enfin, il y a bien un clignotant en fonctionnement, mais il s'agit du clignotant gauche, et non du clignotant droit.

Analyse des erreurs

Toutes sortes d'erreurs sur cette question. 16,56% de réponses "AB", c'est une méconnaissance du fonctionnement du compte-tours. 13,4% de réponses "BD" pour ceux qui confondent la gauche et la droite. Ce n'est pas étonnant quand on sait qu'une personne sur cinq confond gauche et droite, et plus particulièrement les femmes.

Thème : M - Mécanique

19

Question

Les sculptures d'un pneumatique servent :

à améliorer l'adhérence sur sol sec ____________ A ❑

à évacuer l'eau lorsqu'il pleut ____________ B ❑

à améliorer l'adhérence uniquement lorsqu'il neige ____________ C ❑

Taux de mauvaises réponses :

58.29%

Bonne réponse : B

Les sculptures d'un pneumatique ont une fonction essentielle, évacuer l'eau lorsqu'il pleut. Elles ne servent pas spécifiquement par temps de neige, des pneus neige adaptés ont eux des sculptures à lamelles pour une meilleure adhérence. Sur sol sec, des pneus sans sculptures seraient plus adaptés mais on ne maîtrise pas la météo et ce serait vraiment très dangereux de circuler avec des pneus lisses sous la pluie. C'est pourquoi les pneus doivent couvrir les situations d'adhérence réduite en toutes circonstances, donc avec des sculptures, et dont la profondeur minimale est de 1,6 mm.

Analyse des erreurs

Les erreurs proviennent en majorité d'une double réponse pourtant inutile ici. Pour 52,63% des candidats, les sculptures servent à la fois à améliorer l'adhérence sur sol sec, et évacuer l'eau lorsqu'il pleut. Les sculptures n'ont en fait qu'une fonction, celle d'évacuer l'eau par temps de pluie. Les voitures en "Formule 1" courent par temps sec avec des pneus "slick", c'est-à-dire sans sculptures.

Thème : M - Mécanique

20

Question

Ce bocal qui se trouve dans le compartiment moteur contient :

du liquide de frein ____________ A ❑
du liquide de direction assistée ____________ B ❑
du liquide de refroidissement ____________ C ❑
de l'huile moteur ____________ D ❑

Taux de mauvaises réponses :

56.43%

Bonne réponse : B

Ce bocal qui se trouve dans le compartiment moteur contient du liquide de direction assistée. Il est reconnaissable à son bouchon de couleur rouge et surtout à son sigle représentant un volant. Le bocal de liquide de frein est toujours situé face à la pédale de frein du conducteur. Le vase d'expansion de liquide de refroidissement est, pour sa part, muni d'un bouchon spécial avec un sigle mettant en garde contre l'ouverture à chaud. L'huile moteur est contenue directement dans le moteur.

Analyse des erreurs

Les questions de mécanique posent souvent des problèmes, car elles sont techniques. Les réponses ici sont très variées. Même si on a une majorité de bonnes réponses, pour 23,14%, ce bocal contient de l'huile moteur. Pour 18,45%, c'est du liquide de refroidissement, et pour 14,01% des candidats, il s'agit de liquide de frein. Faites vos jeux ...

Thème : M - Mécanique

21

Question

J'utilise cette commande :
par temps de brouillard
OUI ________ *A* ❑ *NON* ________ *B* ❑
lorsque mon véhicule est fortement chargé
OUI ________ *C* ❑ *NON* ________ *D* ❑

Taux de mauvaises réponses :

54.93%

Bonnes réponses : BC

Cette commande me permet, de l'intérieur, de régler la hauteur des feux. J'utilise cette commande lorsque mon véhicule est fortement chargé. En effet, le poids de la charge dans mon coffre, abaisse l'arrière de mon véhicule et donc, rehausse mes feux. Pour pouvoir éclairer la route et ne pas éblouir les véhicules venant en face, je règle les feux en rabaissant ainsi leur faisceau.

Analyse des erreurs

32,4% des candidats ont vraiment tout faux en répondant "AD" à cette question. D'abord, le symbole indiqué est celui des feux de croisement et non celui des feux de brouillard avant qui est différent. Et les flèches sont pourtant explicites en se dirigeant vers le haut et vers le bas, cela correspond à un réglage. Parfois, les candidats se compliquent vraiment les choses.

Thème : M - Mécanique

22

Question

Cette commande permet :

de régler le rétroviseur extérieur gauche ________ *A* ❑
de régler le rétroviseur intérieur ________________ *B* ❑
de régler le rétroviseur extérieur droit __________ *C* ❑
de rabattre les rétroviseurs extérieurs __________ *D* ❑

Taux de mauvaises réponses :

53.93%

Bonnes réponses : ACD

Cette commande placée à main gauche du conducteur permet d'assurer le réglage des rétroviseurs extérieurs de l'intérieur de l'habitacle, sans être obligé d'ouvrir une vitre. Il existe parfois une commande supplémentaire, comme ici, qui permet de rabattre les deux rétroviseurs en même temps, dans un passage très étroit ou pour laisser le véhicule en stationnement. Le rétroviseur intérieur se règle directement avec les deux mains.

Analyse des erreurs

Il y avait en effet 3 réponses correctes à cette question. Certains n'ont trouvé qu'une bonne réponse ("D" pour 14,32% ; "A" pour 10,08%), tandis que d'autres n'ont trouvé que 2 réponses correctes ("AC" pour 12,64%). L'explication tient sans doute au fait que la plupart des candidats qui passent le code n'ont pas encore commencé une seule leçon de conduite, et n'ont donc encore jamais réglé les rétroviseurs extérieurs. Un conseil, prenez quelques leçons de conduite en même temps.

Thème : M - Mécanique

23

Question

Le liquide contenu dans le réservoir du lave-glace peut être :

de l'eau distillée ______________________ *A* ❑

*un liquide spécial qui contient un peu de savon*_ *B* ❑

*un liquide anti-gel*______________________ *C* ❑

Taux de mauvaises réponses :

53.61%

Bonnes réponses : BC

L'eau distillée est réservée à la batterie. L'eau à elle seule ne permet pas de nettoyer efficacement un pare-brise lorsque l'été par exemple des insectes y sont collés. Un produit avec un peu de savon permet donc une meilleure efficacité du nettoyage. Enfin, le produit ne doit pas geler l'hiver, au risque de fendre le réservoir.

Analyse des erreurs

Il n'y a pas globalement de mauvaises réponses à cette question, mais souvent des réponses incomplètes. Réponse "C" seulement dans 20,71% des cas. Réponse "B" seulement dans 14,29% des cas. Il peut y avoir plusieurs réponses pour chaque question, étant entendu qu'il y a toujours au moins une bonne réponse et jamais toutes.

Thème : M - Mécanique

24

Question

Des essuie-glaces défectueux :

font systématiquement du bruit ______________ *A* ❑

laissent des traces d'eau sur le pare-brise ____ *B* ❑

Il est recommandé de les changer :

tous les ans ______________________________ *C* ❑

tous les 2 ans ____________________________ *D* ❑

Taux de mauvaises réponses :

51.33%

Bonnes réponses : BC

Les essuie-glaces sont des éléments indispensables pour une bonne visibilité. S'ils laissent des traces d'eau quand ils sont en fonction, cela signifie qu'ils sont défectueux et abîmés. Mais par prévention, il ne faut pas attendre ce stade-là pour les changer. Les essuie-glaces subissent toutes les contraintes météo que nous rencontrons, comme la pluie, le vent, le froid, le gel, la chaleur. Le caoutchouc qui les compose se détériore alors en conséquence. Il est recommandé de les changer tous les ans, le plus logiquement avant l'hiver.

Analyse des erreurs

Le plus grand nombre d'erreurs provient d'un choix de 3 réponses au lieu de 2 (21,75% de réponses "ABC"). C'était possible dans l'absolu, sauf que des essuie-glaces ne font pas systématiquement du bruit lorsqu"ils sont usés.

Thème : M - Mécanique

25

Question	Taux de mauvaises réponses :
L'AFU ou aide au freinage d'urgence : **amplifie le freinage sans bloquer les roues** *OUI* ________ *A* ❑ *NON* ________ *B* ❑ **peut réduire les distances de freinage** *OUI* ________ *C* ❑ *NON* ________ *D* ❑	**51.05%**

Bonnes réponses : AC

Le but de l'AFU (aide au freinage d'urgence) est de détecter que le conducteur effectue un passage brutal de l'accélérateur au frein, et d'amplifier la force de freinage. En effet, lors des freinages d'urgence, le conducteur a tendance à se figer, voire à relâcher la pédale de frein au déclenchement de l'ABS qui peut surprendre par les vibrations occasionnées. En amplifiant ce freinage, sans aller jusqu'au blocage d'une des roues, l'action d'urgence est optimisée, la distance de freinage est ainsi raccourcie au maximum.

Analyse des erreurs

Pour 41,18% d'entre vous, vous avez confondu l'AFU et l'ABS. Si l'AFU permet éventuellement de réduire les distances de freinage grâce à un freinage optimisé, l'ABS seul peut dans certains réduire les distances de freinage, mais aussi dans d'autres les augmenter, notamment sur secteur pavé, sa fonction première étant de conserver un pouvoir directionnel. Petit piège ici, accentué par le terme "peut".

Thème : E - Environnement

01

Question

En bordure de grandes agglomérations, des parkings-relais sont créés à coté des périphériques. Ils permettent :

d'accéder parfois gratuitement à l'agglomération A ❑

de réduire les embouteillages ______ B ❑

de stationner gratuitement ______ C ❑

de diminuer la pollution ______ D ❑

Taux de mauvaises réponses :

79.18%

Bonnes réponses : ABD

Aux abords des grandes agglomérations, des parkings-relais sont de plus en plus présents. Ils accueillent majoritairement les personnes qui se rendent dans ces villes pour travailler. Le stationnement des véhicules est plus simple à trouver et est payant mais donne parfois accès à des navettes gratuites pour aller en centre ville. Cela permet aussi aux usagers de ne pas perdre de temps à chercher une place pour se garer. Ce principe a aussi été créé pour amorcer une diminution des embouteillages et de la pollution qui participent directement à l'effet de serre.

Analyse des erreurs

Le principe des parcs relais n'est pas très connu des candidats. Pour la plupart, ils ne savent pas qu'ils peuvent souvent, grâce à des navettes, accéder gratuitement à l'agglomération. Avec 29% de réponses "BD", c'est le constat que l'on peut faire. Pour ceux qui ont répondu "BCD" (28%), malheureusement le stationnement n'est pas systématiquement gratuit. Il est seulement la plupart du temps réduit.

Thème : E - Environnement

02

Question

Par rapport au régime moteur, la consommation de carburant augmente :

plus vite _____ A ❑ dans la même proportion _ B ❑

À vitesse constante, j'engage le rapport supérieur pour moins consommer :

vrai _________ C ❑ faux _____________________ D ❑

Taux de mauvaises réponses :

78.19%

Bonnes réponses : BC

La consommation de carburant est proportionnelle au régime moteur. Donc si le régime moteur double, la consommation double aussi. Ainsi, il est recommandé de passer les vitesses sans attendre pour que le moteur ne tourne pas trop vite.

Analyse des erreurs

Avec 52% de réponses "AC", les candidats n'ont pas bien compris la première proposition de réponse et du caractère proportionnel de la consommation de carburant au regard du régime moteur. C'est il est vrai un peu technique. Pour les 20% des candidats ayant répondu "AD", l'erreur concernant le rapport de vitesses montre qu'il est important de connaître les principes de l'écoconduite.

Question

Au cours du contrôle technique le moteur de mon véhicule pollue trop.
Le véhicule est immobilisé :
OUI ________ *A* ❑ *NON* ________ *B* ❑
Le technicien va régler l'injection :
OUI ________ *C* ❑ *NON* ________ *D* ❑

Taux de mauvaises réponses

75.61%

Bonnes réponses : BD

Lors du contrôle technique, le technicien place une sonde à la sortie du pot d'échappement afin de mesurer les rejets de gaz. Il compare ensuite avec la norme pour le modèle de véhicule. S'il constate un écart significatif, mention en est faite sur le procès-verbal. Le véhicule n'est pas immobilisé mais je dois faire régler l'injection dans un garage avant de repasser un contrôle, qu'on appelle contre-visite, dans les deux mois. Le technicien n'a pas le droit de toucher aux réglages.

Analyse des erreurs

Un opérateur de contrôle technique n'a absolument pas le droit d'effectuer la moindre réparation sur un véhicule. C'est l'erreur la plus flagrante commise ici, avec 33,66% de réponses "AC" et 31,73% de réponses "BC".

Question

Avec ce type de coffre de toit, je limite ma surconsommation d'énergie :

OUI ________ *A* ❑ *NON* ________ *B* ❑

Après utilisation, je le retire :

OUI ________ *C* ❑ *NON* ________ *D* ❑

Taux de mauvaises réponses :

66.67%

Bonnes réponses : AC

Les accessoiristes automobiles proposent aujourd'hui des profilés de coffres qui atténuent la résistance à la pénétration dans l'air des objets sur la galerie. Si je dois transporter des bagages sur une galerie, je les place à l'intérieur de ce type de coffre. A la fin du trajet, je pense à le retirer car il occasionne alors une surconsommation inutile.

Analyse des erreurs

Un problème de vocabulaire et une incompréhension du terme "limite ma surconsommation" est à l'origine des erreurs sur cette question. Un coffre de toit fait consommer davantage, mais moins qu'une galerie de toit classique. Voilà pourquoi on obtient près de 66% des réponses "BC".

Thème : E - Environnement

05

Question

Que faut-il faire pour économiser du carburant en roulant ?

Accélérer modérément et rouler lentement pour ne pas passer la vitesse supérieure_________________ A ❑

Accélérer franchement à bas régime et passer rapidement la vitesse supérieure_______________ B ❑

Taux de mauvaises réponses :

65.43%

Bonne réponse : B

Adopter une conduite économique n'implique pas de rouler lentement et de ne pas atteindre les vitesses maximales autorisées. Cela consiste à passer les vitesses supérieures très tôt après une accélération franche, mais brève.

Analyse des erreurs

Les principes de l'écoconduite sont méconnus des candidats. Cela s'explique par l'inexpérience souvent constatée de la conduite, la plupart des candidats ne commençant les leçons de conduite qu'après avoir obtenu le code, ce qui est une erreur. Avec près de 66% de réponses "A", c'est le constat que l'on peut faire.

Thème : E - Environnement

06

Question

L'éco mode présent sur certains véhicules :

coupe le moteur à l'arrêt ________________ *A* ❑
permet de réduire la consommation de carburant B ❑
peut agir sur la commande de climatisation ____ *C* ❑

Taux de mauvaises réponses :

65.08%

Bonnes réponses : BC

L'éco mode, ou mode éco, est une fonction qui optimise la consommation de carburant. Ce mode, selon les constructeurs automobiles, peut agir sur tous les éléments consommateurs, tels que la dureté de la pédale d'accélérateur, la puissance moteur, le chauffage ou encore la climatisation. Un témoin au tableau de bord avertit normalement de son activation. Ce mode peut permettre d'économiser jusqu'à 10 % de carburant. L'éco mode n'agit pas sur le stop and start, qui reste une fonction indépendante.

Analyse des erreurs

La confusion entre "éco mode" et "stop and start" est la plus grande source d'erreurs, avec 34,72% de réponses "AB". Ce genre de question un peu technique peut amener quelques erreurs, pardonnables si les connaissances sont correctes dans les autres domaines.

Thème : E - Environnement

07

Question

Le système simple de ventilation et de production de chaleur augmente la consommation de carburant :

OUI ________ *A* ❑ *NON* ________ *B* ❑

Taux de mauvaises réponses :

63.64%

Bonne réponse : B

Les véhicules sont équipés d'un système simple de ventilation et de chauffage afin d'assurer le confort des passagers et le désembuage des vitres. La chaleur est alors captée au niveau du moteur et l'air circule grâce au mouvement du véhicule ou avec un ventilateur à vitesse variable. Ce système ne consomme quasiment rien, ce qui n'est pas le cas de la climatisation qui produit du froid.

Analyse des erreurs

Il y a probablement eu ici une confusion entre le terme "système simple de ventilation" et le système de climatisation du véhicule qui lui est un gros consommateur d'énergie. Faites bien attention à bien lire les questions pour ne pas trop interpréter.

Thème : E - Environnement

08

Question

Lorsque j'utilise les transports en commun, je suis :

Eco-citoyen ______________________ *A* ☐

Eco-mobile ______________________ *B* ☐

Eco-responsable ______________________ *C* ☐

Taux de mauvaises réponses :

61.75%

Bonnes réponses : AC

L'usage de l'automobile n'est pas toujours une nécessité ni une priorité. Je dois me poser constamment la question de mes objectifs de transport, des choix de mobilité que j'ai intérêt à effectuer, dans un souci économique ou écologique. En choisissant un transport en commun tel que le tramway, je privilégie une démarche éco-citoyenne et donc écoresponsable.

Analyse des erreurs

13,55% des candidats ont répondu "ABC" à cette question. C'est un peu étonnant de faire ce type d'erreurs, sachant qu'il est impossible que toutes les réponses soient cochées pour une même question. Il y a toujours une mauvaise réponse pour chaque question. Cela dit, on a quand même 13,24% de réponses "AB" qui oublient la notion d'éco-responsabilité, et 12,17% de réponses "BC" qui oublient la notion d'éco-citoyenneté.

Thème : E - Environnement

09

Question

Je peux économiser du carburant :

en roulant vitres fermées ________________ *A* ❑
en arrêtant le moteur avant d'arriver au feu rouge ________________ *B* ❑
en démontant ma galerie de toit ________________ *C* ❑
en réduisant ma vitesse ________________ *D* ❑

Taux de mauvaises réponses :

60.21%

Bonnes réponses : ACD

Pour économiser du carburant, je peux prendre de bonnes habitudes comme, par exemple, éviter de rouler avec les vitres ouvertes. Également, en démontant ma galerie de toit après usage, je peux économiser jusqu'à un litre de carburant aux 100 km. De la même façon, en réduisant ma vitesse de 130 à 90 km/h, je peux faire baisser ma consommation d'un tiers environ. Couper le moteur avant d'arriver au feu rouge est dangereux car je risque de ne plus avoir de freins à cause de l'absence d'assistance.

Analyse des erreurs

Les erreurs les plus communes ici (32,84% de réponses "BCD") concernent l'oubli des vitres fermées et le fait d'arrêter le moteur avant d'arriver au feu rouge. Une fois au feu rouge, je peux couper le moteur, mais pas en roulant.

Thème : E - Environnement

10

Question	Taux de mauvaises réponses :
Pour consommer moins de carburant : *je passe au point mort avant l'arrêt* ____ *A* ❑ *je place les bagages dans une remorque plutôt que sur la galerie* ____ *B* ❑ *j'adopte une conduite souple* ____ *C* ❑ *je reste en 5ème dans les descentes* ____ *D* ❑	**57.31%**

Bonnes réponses : BC

Il existe plusieurs façons d'économiser du carburant. Je peux, entre autres, placer les bagages dans une remorque ou dans le coffre de la voiture plutôt que sur une galerie de toit, ceci afin de limiter la résistance à l'air. Je roule calmement, en respectant les limitations de vitesse et tout en évitant les freinages et les accélérations brusques. En revanche, descendre une pente en 5ème, c'est-à-dire sans l'aide du frein moteur, peut s'avérer dangereux. Il en est de même quant à passer au point mort avant de s'arrêter.

Analyse des erreurs

C'est l'oubli de la réponse "B" (23% de réponses "C") qui a causé le plus d'erreurs sur cette question. Les bagages placés dans une remorque est toujours moins consommateur que sur une galerie de toit.

Thème : E - Environnement

11

Question

Les barrières du passage à niveau viennent de s'abaisser. Je peux :

couper le moteur ____________ A ❑
mettre au point mort ____________ B ❑
tirer le frein à main ____________ C ❑
faire demi-tour ____________ D ❑

Taux de mauvaises réponses :

55.48%

Bonnes réponses : ABC

Certaines situations de circulation obligent à nous arrêter pour un temps indéfini. Ici, le passage du train doit se faire mais nous ne savons pas quand exactement. Lorsque ces situations se présentent, il est préférable de mettre la mécanique au repos en mettant au point mort et en actionnant le frein à main, afin de ne pas faire travailler l'embrayage inutilement. Cela permet en même temps de reposer les jambes du conducteur. Si la voiture n'est pas munie du «Stop and Start», il est de plus conseillé de couper le moteur pour économiser du carburant et diminuer la pollution émise par la voiture à l'arrêt.

Analyse des erreurs

22% des candidats oublient de mettre au point mort en répondant "AC" et aussi de tirer le frein à main lors de cet arrêt prolongé (14% de réponses "A" et 10% de réponses "AB").

Thème : E - Environnement

12

Question
Pour économiser du carburant, dès le passage de ce sommet de côte :
je rétrograde ______ A ❑
je passe un ou plusieurs rapports de vitesse supérieurs ______ B ❑
je mets au point mort ______ C ❑
je coupe le moteur ______ D ❑

Taux de mauvaises réponses :

55.24%

Bonne réponse : B

Après ce sommet de côte, la descente va faciliter les économies d'énergie car le moteur aura moins besoin d'être sollicité pour faire avancer le véhicule. Il sera donc possible de passer les rapports de vitesse supérieurs dans un bref délai, ce qui aura pour effet de limiter le régime moteur et ainsi limiter la consommation de carburant. Si je rétrograde, je vais avoir trop de frein moteur et la voiture va ralentir de façon inutile, la visibilité étant bonne et la route dégagée. Le point mort n'est pas une bonne solution car je n'aurais plus de motricité et je risquerais de perdre le contrôle du véhicule. Surtout il faudra éviter de couper le moteur car sinon je n'aurais plus de direction assistée ni de frein.

Analyse des erreurs

Bizarre que 34,44% des candidats répondent "A" à cette question, car le fait de rétrograder permet de récupérer du frein moteur mais risque d'imposer de réaccélérer donc de consommer du carburant. Si je circulais en montagne en forte déclivité, ce serait différent.

Thème : E - Environnement

13

Question

L'autopartage permet :

de mettre en partage son propre véhicule ______ A ❑

de louer un véhicule à tout moment et de façon souple ______ B ❑

de faire des économies en évitant l'achat et l'entretien d'un véhicule ______ C ❑

Taux de mauvaises réponses :

52.95%

Bonnes réponses : BC

L'autopartage consiste à laisser à disposition des usagers un véhicule en libre service, qu'il est possible de louer à tout moment, même pour des durées ou des kilométrages faibles. Comme cela se pratique pour les vélos, l'autopartage des véhicules tend à se développer dans les villes, pour permettre aux usagers d'éviter l'achat, l'entretien, et la pollution liée à l'utilisation constante d'un véhicule.

Analyse des erreurs

L'autopartage fait partie de ces nouveaux services écocitoyens pas toujours connus des candidats. 20% d'entre eux pensent que c'est son propre véhicule qui est partagé (20,43% de réponses "AC"). Mais il y encore 13,19% de réponses "ABC", c'est-à-dire des candidats qui cochent toutes les réponses. Faut-il rappeler qu'il est impossible de cocher toutes les réponses, car il y en a toujours une de mauvaise, et toujours au moins une de bonne.

Thème : D - Divers

01

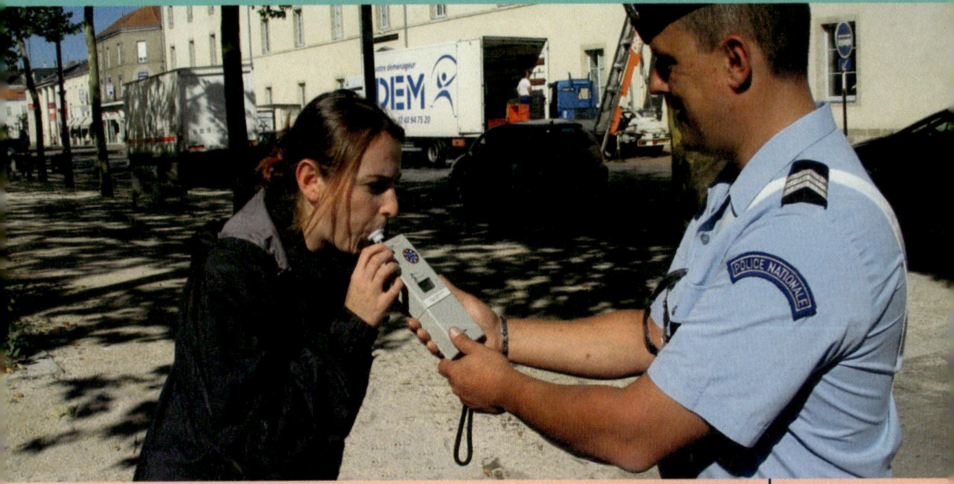

Question

Je viens d'être contrôlé avec une alcoolémie positive alors que je circulais à cyclomoteur. Je risque une perte de 6 points sur mon permis de conduire :

OUI ________ *A* ❑ *NON* ________ *B* ❑

Taux de mauvaises réponses :

68.65%

Bonne réponse : B

Il est interdit de conduire n'importe quel type de véhicule sous l'emprise d'un état alcoolique. Même si le contrôle a été effectué alors que je circulais en cyclomoteur, si je dépasse le taux d'alcoolémie réglementaire, je risque une amende de quatrième classe, l'immobilisation de mon véhicule ainsi que la suspension de mon permis. Cependant, je ne perds pas 6 points car ce véhicule ne nécessite pas un permis de conduire.

Analyse des erreurs

Pour perdre des points sur le permis de conduire, il faut impérativement être au volant ou au guidon d'un véhicule qui nécessite un permis de conduire. Le permis AM (équivalent actuel du BSR) n'est pas considéré comme un permis au sens du permis à points. Si je commets une infraction à vélo ou à cyclomoteur, je ne peux donc pas perdre de points. Vous êtes malgré tout 68,54% à vous être trompés.

Thème : D - Divers

02

Question

Les feux diurnes peuvent être utilisés :
la nuit
OUI ________ *A* ❑ *NON* ________ *B* ❑
par temps de brouillard
OUI ________ *C* ❑ *NON* ________ *D* ❑

Taux de mauvaises réponses :

68.53%

Bonnes réponses : BD

Les feux diurnes sont des feux pour l'instant facultatifs, qui s'allument automatiquement au moment de la mise en route du véhicule. Ils s'utilisent uniquement le jour, lorsque la visibilité est bonne. Ils sont à l'avant seulement et sont de couleur blanche. Dès que d'autres feux sont utilisés, feux de position, feux de croisement ou feux de route, les feux diurnes se désactivent. On ne peut donc pas les utiliser la nuit ou par temps de brouillard.

Analyse des erreurs

Les erreurs se répartissent à peu près également sur toutes les réponses possibles. 26,92% répondent AC, 20,16% BC, 19,76% AD. Le terme "diurne" doit sans doute être peu connu. "Diurne" est le contraire de "nocturne", ils s'utilisent donc de jour. Ces feux, même s'ils sont optionnels, équipent actuellement la plupart des véhicules neufs.

Thème : D - Divers

03

Question

On m'a volé mon permis de conduire. Le récépissé de déclaration de vol est valable pendant :

15 jours ______ *A* ❑
1 mois ______ *B* ❑
2 mois ______ *C* ❑

Taux de mauvaises réponses :

64.85%

Bonne réponse : C

Le récépissé de déclaration de vol de mon permis de conduire, délivré par le commissariat de police ou par la brigade de gendarmerie, est valable deux mois. Attention, dans le cas de perte ou de vol de la carte grise de mon véhicule, ce récépissé ne serait valable qu'un mois.

Analyse des erreurs

Cette question purement administrative n'est pas très facile à deviner si on ne connait pas précisément la réponse. C'est pourquoi 47,65% d'entre vous répondent B, c'est-à-dire la réponse moyenne lorsqu'on répond au hasard. Pour ceux qui ont correctement répondu, c'est peut-être aussi le fruit du hasard...

Thème : D - Divers

04

Question

Je suis en période probatoire. Sur cette autoroute, je dois réduire ma vitesse à 80 km/h :

OUI ________ *A* ❑ *NON* ________ *B* ❑

Taux de mauvaises réponses :

63.72%

Bonne réponse : B

En période probatoire, les conducteurs sont astreints à des limitations de vitesse générales plus basses que pour les autres. Mais cette mesure ne touche pas les limitations ponctuelles sur autoroute comme ici. Il est donc possible de circuler à 90 km/h pour les conducteurs novices.

Analyse des erreurs

Ah, le piège des 80 km/h. Plus de 63% des candidats répondent OUI. En restant sur autoroute comme c'est annoncé, les jeunes en période probatoire ne voient pas cette vitesse réduite. Il faudra attendre d'être sur route nationale ou départementale pour voir cette vitesse réduite à 80 km/h.

Thème : D - Divers

05

Question

Un véhicule automobile doit posséder à l'arrière :

deux feux de position ____________ *A* ❑

deux feux stop ____________ *B* ❑

un feu arrière de brouillard ____________ *C* ❑

un feu de marche arrière ____________ *D* ❑

Taux de mauvaises réponses :

63.43%

Bonnes réponses : ABC

Les feux de position arrière, appelés aussi feux rouges arrière, doivent être au nombre de deux et visibles la nuit à 150 m au moins. Les feux stop peuvent être au nombre de deux ou trois et émettent une lumière rouge non éblouissante. Un ou deux feux de brouillard arrière sont également nécessaires. Enfin, le feu de marche arrière, appelé feu de recul, n'est pas obligatoire. Mon véhicule peut toutefois en posséder un ou deux, en émettant une lumière blanche lorsque la marche arrière est enclenchée.

Analyse des erreurs

Surprenant que vous soyez près de 20% à avoir répondu BCD. Vous pensez que le feu de marche arrière est plus important que les feux de position. Erreur difficile à expliquer. Peut-être avez-vous estimé que le terme "feux de position" ne concernait que des feux à l'avant. Pour le reste, il y a encore plus de 6% de candidats qui cochent toutes les réponses, alors qu'il faut considérer qu'il y en a toujours au moins une de fausse.

Thème : D - Divers

06

Question

Si je ne respecte pas les distances de sécurité dans un tunnel, je risque :

une suspension du permis ______ *A* ❑
un retrait de points ______ *B* ❑
une amende ______ *C* ❑
une immobilisation du véhicule ______ *D* ❑

Taux de mauvaises réponses :

63.26%

Bonnes réponses : ABC

On dénombre chaque semaine plusieurs accidents dans les tunnels français. L'application des règles de sécurité est impérative, car l'espace dans les tunnels est très limité, et les conditions de circulation sont particulières : absence de bande d'arrêt d'urgence, faible éclairage par exemple. Si je ne respecte pas les distances de sécurité, je risque une amende de 4ème classe, un retrait de 3 points ainsi qu'une suspension du permis.

Analyse des erreurs

Pour une majorité d'entre vous (46,89%), vous considérez en répondant BC que le non-respect de l'interdistance n'entraîne pas de risque de suspension de permis. C'est pourtant une peine complémentaire qui peut aller jusqu'à 3 ans de suspension. Attention à la récidive dans un tunnel dans un délai d'un an, car cela entraîne une peine d'emprisonnement jusqu'à 6 mois.

Question

En cas de non respect de l'interdistance, je risque une perte d'un point sur mon permis de conduire :

OUI ________ *A* ❑ *NON* ________ *B* ❑

Taux de mauvaises réponses :

62.28%

Bonne réponse : B

En cas de non respect des distances de sécurité, je risque une amende, une perte de 3 points sur mon permis de conduire ainsi qu'une suspension de ce dernier. Il existe plusieurs méthodes pour savoir si l'on respecte cette interdistance. La plus simple consiste à laisser deux traits de la bande d'arrêt d'urgence, entre le véhicule qui me précède et le mien, quand je circule sur autoroute ou sur voies rapides.

Analyse des erreurs

L'infraction de non-respect de l'interdistance de deux secondes entre les usagers est très souvent minimisée pour beucoup de conducteurs. On retrouve cette sous-évaluation chez les apprentis conducteurs. Vous êtes quand même 62,15% à croire que cette infraction ne fait perdre qu'un point sur le permis de conduire, alors que c'est 3 fois plus.

Thème : D - Divers

08

Question

L'essuie-glace arrière est obligatoire sur tous les véhicules de tourisme :

OUI ________ *A* ❑ *NON* ________ *B* ❑

Taux de mauvaises réponses :

56.50%

Bonne réponse : B

Si au moins un essuie-glace à l'avant est obligatoire sur une voiture, ce n'est pas le cas à l'arrière. Cependant, choisir un modèle qui en dispose n'est pas un luxe, notamment pour évacuer les projections de boue l'hiver et en automne.

Analyse des erreurs

Et non, à l'arrière, l'essuie-glace n'est pas obligatoire. On retrouve souvent cette configuration sur les coupés ou les cabriolets. Ce genre d'erreur est , il faut l'avouer, quand même piégeux (56,40% de réponses A), car il est vrai que cette règle concerne davantage un constructeur qu'un conducteur.

Thème : D - Divers

09

Question

Si mon alcoolémie dépasse 0,25 mg/l d'air expiré, je suis obligé d'effectuer une prise de sang :

OUI ________ *A* ❑ *NON* ________ *B* ❑

Taux de mauvaises réponses :

56.04%

Bonne réponse : B

L'éthylomètre est un appareil de mesure qui donne le taux d'alcool en mg par litre d'air expiré. Il n'est pas nécessaire d'effectuer un autre contrôle, la mesure étant très précise et légale. Par contre, après avoir été contrôlé positivement à l'aide d'un éthylotest, il est obligatoire d'effectuer une mesure exacte de l'alcoolémie à l'aide d'un éthylomètre.

Analyse des erreurs

Il y a beaucoup d'idées reçues au sujet des contrôles d'alcoolémie. C'est en partie à cause d'une communication toujours existante sur les taux par prise de sang, alors qu'elles ne sont quasiment plus effectuées, sauf impossibilité de souffler. Si je suis contrôlé par éthylotest chimique ou électronique, le taux est systématiquement vérifié par l'éthylomètre, je ne peux pas choisir une prise de sang. Vous êtes presque 56% à vous être trompés.

Thème : D - Divers

10

Question

L'usage des pneus à "clous" dans les conditions hivernales est :

encore autorisé ________________ ***A*** ❑

OU

formellement interdit ____________ ***B*** ❑

Taux de mauvaises réponses :

55.78%

Bonne réponse : A

Les pneus à lamelles remplacent aujourd'hui ce type de pneu. On peut encore les utiliser durant la période hivernale, sans oublier d'appliquer le disque "90" : pneus à crampons.

Analyse des erreurs

L'usage des pneus à crampons, ou pneus à clous, est encore autorisé du samedi précédant le 11 novembre jusqu'au dernier dimanche de mars l'année suivante. C'est vrai que pour savoir cela, il faut plutôt habiter dans des zones où ils sont utilisés. La plus grande partie des réponses reste cependant correcte.

Thème : D - Divers

11

Question

Je suis conducteur novice. Si je ne place pas le disque "A" à l'arrière de mon véhicule, je risque :

une amende

***OUI* ________ *A* ❑ *NON* ________ *B* ❑**

une perte de 2 points sur mon permis de conduire

***OUI* ________ *C* ❑ *NON* ________ *D* ❑**

Taux de mauvaises réponses :

54.98%

Bonnes réponses : AD

Pendant toute la période durant laquelle je suis considéré comme conducteur novice, je dois apposer de façon visible, à l'arrière de mon véhicule, un disque A afin d'informer les autres usagers de ma récente obtention du permis de conduire. Je ne peux pas le mettre sur la vitre arrière. En cas de non respect de cette règle, je risque une amende mais je ne perds pas de points sur mon permis de conduire.

Analyse des erreurs

Perdre des points pour avoir oublié d'apposer le disque A à l'arrière, cela paraît cruel. Une amende suffit. Pourtant, près de 53% des candidats pensent qu'en plus de l'amende, cela fait perdre 2 points sur le permis de conduire. Le non-respect de la réglementation n'impose pas toujours des sanctions aussi élevées que vous le pensez.

Thème : D - Divers

12

Question

Les feux de brouillard avant sont obligatoires sur tous les véhicules :

OUI ________ *A* ❑ *NON* ________ *B* ❑

Je peux les allumer par temps de pluie :

OUI ________ *C* ❑ *NON* ________ *D* ❑

Taux de mauvaises réponses :

52.58%

Bonnes réponses : BC

Les feux de brouillard avant sont des feux facultatifs. Mon véhicule peut toutefois en posséder deux. Je les utilise avec ou sans les feux de croisement. Dans ce cas, j'allume au moins les feux de position pour allumer les feux de position arrière. Par temps de brouillard, de forte pluie ou de neige, je peux les allumer. Seuls les feux arrière de brouillard ne peuvent pas être allumés par temps de pluie.

Analyse des erreurs

Pour 26% d'entre vous (réponse AC), les feux de brouillard avant sont obligatoires, alors qu'ils sont facultatifs. Vous avez confondu avec le ou les feux de brouillard arrière, qui eux sont effectivement obligatoires. Confusion totale pour ceux qui ont répondu AD (14,22%), qui ont mélangé avant et arrière. Et légère confusion, mas confusion quand même, pour ceux qui ont répondu BD (11,9%). Les bonnes réponses, sans atteindre la moyenne, restent toutefois majoritaires.

Thème : D - Divers

13

Question

Mon véhicule est refusé au contrôle technique.
Le résultat du contrôle est inscrit sur la carte grise :
OUI ________ *A* ❑ *NON* ________ *B* ❑
Le délai pour la contre-visite est de trois mois :
OUI ________ *C* ❑ *NON* ________ *D* ❑

Taux de mauvaises réponses :

51.80%

Bonnes réponses : AD

La première visite technique d'un véhicule a lieu dans les 6 mois qui précèdent son quatrième anniversaire. Les visites suivantes ont lieu tous les deux ans. Lors de cette visite, plus d'une centaine de points sont contrôlés sur l'ensemble du véhicule. Si le contrôle est négatif et nécessite une contre-visite, son résultat est inscrit par un timbre sur le certificat d'immatriculation par la lettre S, dans la cas d'une défaillance majeure. La lettre R signifie une défaillance critique. La lettre A signifie un contrôle favorable. Le délai pour présenter le véhicule réparé à la contre-visite de type S est de 2 mois.

Analyse des erreurs

C'est principalement le délai de la contre-visite qui n'est pas assez connu, souvent évalué à trois mois au lieu de deux (22,77% de réponses AC et 12,08% de réponses BC). Pour 16,7% des candidats ayant répondu BD, c'est l'inscription sur la carte grise qui n'est pas retenue.

Thème : D - Divers

14

Question

En circulant avec des pneus usagés :
je diminue la capacité à évacuer l'eau
OUI ________ *A* ❑ *NON* ________ *B* ❑
je risque une perte de 2 points sur mon permis de conduire
OUI ________ *C* ❑ *NON* ________ *D* ❑

Taux de mauvaises réponses :

51.22%

Bonnes réponses : AD

Les sculptures d'un pneu servent à évacuer l'eau lorsque je circule sur une chaussée mouillée. Pour être efficaces, elles ne doivent pas avoir une profondeur inférieure à 1,6 mm. En dessous de cette mesure, le pneu n'adhère plus suffisamment à la route et une pellicule d'eau se forme entre ma roue et la chaussée. Il y a donc un risque d'aquaplanage. De plus, je risque une amende importante pour chaque pneu non conforme. Je ne perds pas cependant de points sur mon permis de conduire.

Analyse des erreurs

Vous pensez vraiment qu'on perd des points pour toutes les infractions. Circuler avec des pneus usagés est certes dangereux, cela entraîne bien sûr une amende et une possible immobilisation du véhicule. Mais il n'y a pas de perte de points, contrairement aux 47,39% de candidats qui le pensent.

Thème : P - Quitter le véhicule

01

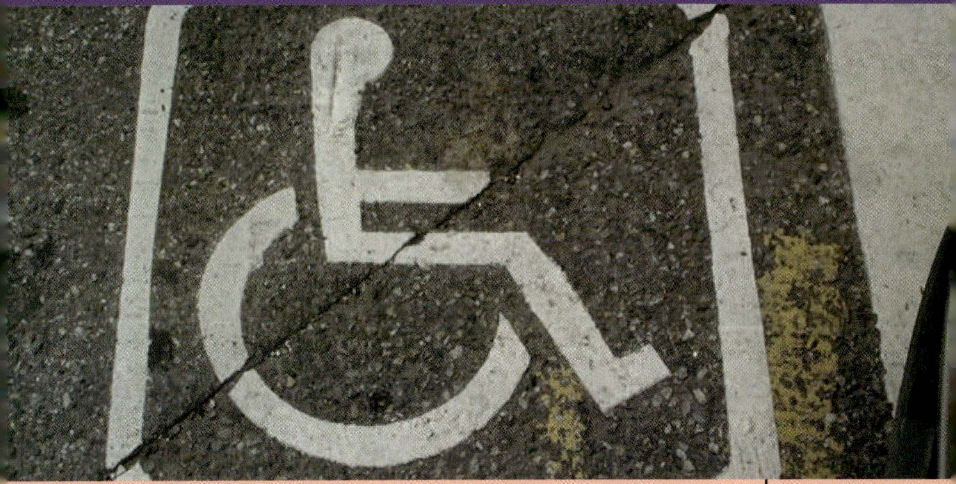

Question

En m'arrêtant sur cet emplacement, je risque :
une perte de 2 points sur mon permis de conduire
OUI ________ *A* ❑ *NON* ________ *B* ❑
une très forte amende de 4ème classe
OUI ________ *C* ❑ *NON* ________ *D* ❑

Taux de mauvaises réponses :

56.40%

Bonnes réponses : BC

L'arrêt et le stationnement sur des emplacements réservés aux handicapés sont considérés comme gênants donc interdits. Le caractère très dérangeant classe cette infraction au-delà d'une simple interdiction. En cas de non respect de cette règle, je risque une amende de 4ème classe ainsi que l'immobilisation et la mise en fourrière de mon véhicule. En revanche, je ne perds pas de points sur mon permis de conduire.

Analyse des erreurs

52,5% des candidats pensent qu'un stationnement gênant entraîne une perte de points sur le permis de conduire. Seul le stationnement dangereux fait perdre 3 points. C'est uniquement le cas à proximité des intersections de route, des virages, des sommets de côte et des passages à niveau, lorsque la visibilité est insuffisante.

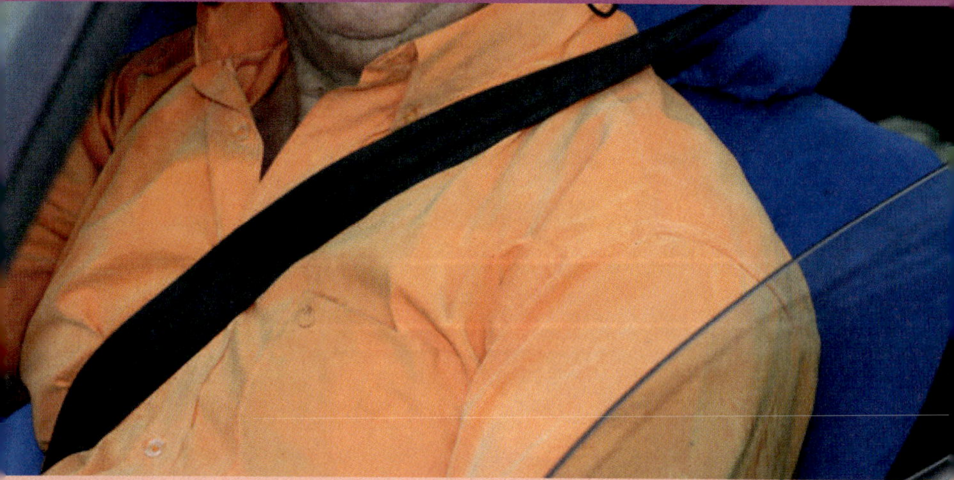

Question

Le port de la ceinture de sécurité n'est pas obligatoire :

pour toute personne munie d'un certificat médical d'exemption, délivré par un médecin agréé ______ A ❑
pour les femmes enceintes ______ B ❑
pour tout conducteur de taxi en service ______ C ❑
pour toute personne dont la morphologie est manifestement inadaptée au port de celle-ci ___ D ❑

Taux de mauvaises réponses :

83.31%

Bonnes réponses : ACD

Le port de la ceinture de sécurité est obligatoire pour tous les usagers, sauf pour certaines catégories de personnes : les personnes dont la morphologie est manifestement inadaptée au port de celle-ci ; les personnes munies d'un certificat médical d'exemption, délivré par un médecin agréé ; en intervention d'urgence, les conducteurs ou passagers d'un véhicule d'intérêt général prioritaire ou d'une ambulance ; les conducteurs de taxi en service ; en agglomération, les conducteurs ou passagers d'un véhicule des services publics contraint par nécessité de service de s'arrêter fréquemment. Les femmes enceintes ne sont pas dispensées du port de la ceinture, c'est même préférable de la mettre.

Analyse des erreurs

Le plus grand nombre de réponses est la seule réponse "A" (35.77%). Il en manque quelques-unes. Maintenant, il est préférable de ne pas connaître toutes les exemptions, car cela incite davantage au port de la ceinture de sécurité par tous.

Thème : S - Sécurité

02

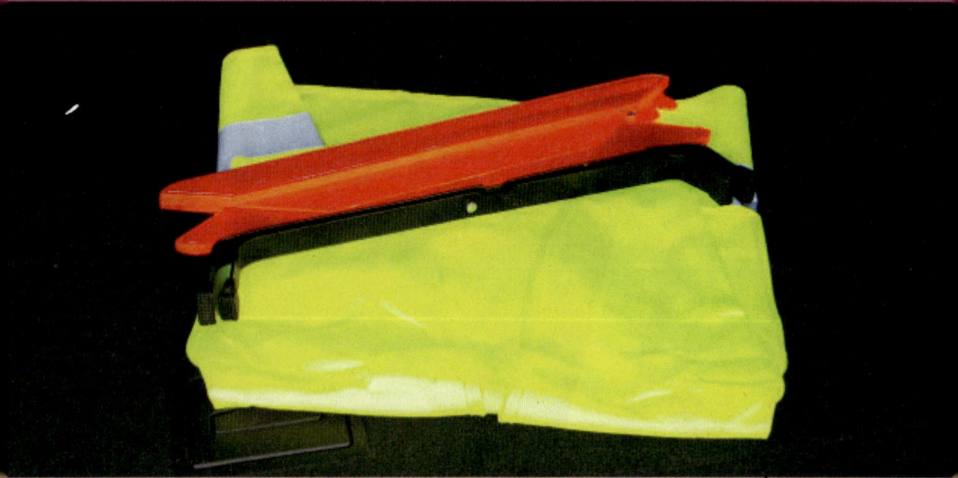

Question

Dans l'habitacle de mon véhicule, je dois obligatoirement posséder :
un gilet de haute visibilité ______ ***A*** ❑
un triangle de présignalisation ______ ***B*** ❑
une boîte d'ampoules ______ ***C*** ❑
une boîte de fusibles ______ ***D*** ❑

Taux de mauvaises réponses :

81.53%

Bonne réponse : A

Le triangle de présignalisation est un élément obligatoire, mais pas nécessairement dans l'habitacle, c'est-à-dire accessible de l'intérieur du véhicule. Par contre, le gilet de haute visibilité doit pouvoir être revêtu de l'intérieur, c'est pourquoi il doit être placé dans l'habitacle. Les boîtes d'ampoules ou de fusibles ne sont pas obligatoires mais sont fortement conseillées en cas de défaut d'une ampoule de feu ou d'un fusible d'accessoire important.

Analyse des erreurs

Vous êtes nombreux à être tombé dans le piège du triangle de présignalisation, qui est effectivement obligatoire, mas pas nécessairement dans l'habitacle. 58,27% des candidats ont répondu "AB". Vous devez être vigilant sur la lecture des questions pour éviter de répondre trop vite.

Thème : S - Sécurité

03

Question

Ce sigle signifie :

contrôle électronique de trajectoire ______ A ❑
éléments de sécurité primaire ______ B ❑
programme électronique de stabilité ______ C ❑
radar anti-collision ______ D ❑

Taux de mauvaises réponses :

77.91%

Bonnes réponses : AC

Le sigle ESP, pour « Electronic Stability Program » en anglais, voit plusieurs traductions en français. Programme électronique de stabilité, contrôle électronique de stabilité, ou encore contrôle électronique de trajectoire sont des termes utilisés pour désigner un système qui a pour effet de corriger la trajectoire lors d'un dérapage du véhicule, en combinant le freinage ABS et la commande d'accélérateur.

Analyse des erreurs

Il y avait ici deux réponses, ce qui vous a piégé. 37,44% ont répondu seulement "C", et 21,31% ont répondu seulement "A". Ces réponses sont justes, mais incomplètes. Pour quand même près de 14% d'entre vous, cela signifie "éléments de sécurité primaire", ce qui colle avec le sigle, mais ce n'est pas ça malheureusement.

Thème : S - Sécurité

04

Question

Lors d'un freinage d'urgence, l'ABS ou système antiblocage des freins :

réduit systématiquement les distances de freinage _____ A ❑

permet de conserver le pouvoir directionnel _____ B ❑

déclenche en même temps l'ESP (programme électronique de stabilité) _____ C ❑

Taux de mauvaises réponses :

76.82%

Bonne réponse : B

Lors d'un freinage d'urgence, l'ABS, ou système antiblocage des freins, se met en action si ce système détecte qu'une des 4 roues est en train de se bloquer, en relâchant la pression de freinage sur la roue concernée. Ainsi, le blocage des roues est évité, le conducteur peut alors conserver le contrôle de la direction de son véhicule. Mais l'ABS ne réduit pas la distance de freinage, parfois c'est même le contraire sur certains revêtements. Si l'ESP, ou contrôle électronique de stabilité, sollicite l'ABS en partie pour améliorer le contrôle de la trajectoire lors d'un dérapage, l'inverse n'est pas vraie.

Analyse des erreurs

Confusion ici entre ABS et ESP, que 39,6% des candidats ont associé en répondant "BC". C'est l'ESP qui déclenche l'ABS, et non l'inverse. Vous êtes par ailleurs plus de 16% à croire que l'ABS réduit systématiquement les distances de freinage (6,67% de réponses "A" et 10,66% de réponses "AB"). C'est dangereux de le croire.

Thème : S - Sécurité

05

Question

Je risque une sanction financière si je ne possède pas dans mon véhicule :
deux gilets de haute visibilité ________________ **A ❑**
un triangle de présignalisation ________________ **B ❑**
une roue de secours gonflée ________________ **C ❑**

Taux de mauvaises réponses :

64.65%

Bonne réponse : B

Certains accessoires de sécurité sont obligatoires dans mon véhicule. C'est le cas du triangle de présignalisation et du gilet de haute visibilité. S'il est recommandé d'en avoir plusieurs pour chacun des passagers, un seul est obligatoire. La roue de secours n'est pas non plus obligatoire, mais si j'en possède une, j'ai intérêt à vérifier son gonflage si je ne veux pas avoir de surprise au moment d'une crevaison.

Analyse des erreurs

Vous êtes près de 40% à penser qu'il faut posséder deux gilets de haute visibilité dans le véhicule. C'est vrai en Espagne mais pas en France, ou un seul suffit. En avoir deux ou plus n'est cependant pas un luxe.

Thème : S - Sécurité

06

Question	Taux de mauvaises réponses :
Si mes passagers mineurs ne s'attachent pas à l'arrière, je risque : **une perte de points** *OUI* ________ *A* ❑ *NON* ________ *B* ❑ **une amende de 4ème classe** *OUI* ________ *C* ❑ *NON* ________ *D* ❑	**63.37%**

Bonnes réponses : BC

Je suis responsable des infractions commises par mes passagers mineurs. S'ils ne portent pas la ceinture ou s'ils ne sont pas installés dans un siège auto adapté, c'est moi qui devrais assumer la sanction. Il n'y a pas de perte de points, car celle-ci ne concerne que le conducteur non attaché, mais je devrai payer l'amende de 4ème classe. Attention, je devrai payer autant d'amendes que de passagers non attachés.

Analyse des erreurs

C'est la croyance de la perte de points qui a fait faire le plus grand nombre d'erreurs à cette question. Avec 58,69% de réponses "AC", beaucoup de candidats pensent que la ceinture non attachée par les passagers peut faire perdre des points au conducteur. Seul le conducteur peut perdre des points s'il n'est pas attaché.

Thème : S - Sécurité

07

Question

La ceinture de sécurité de ce conducteur est bien ajustée :

OUI ________ *A* ❑ *NON* ________ *B* ❑

Taux de mauvaises réponses :

62.61%

Bonne réponse : B

Si la ceinture de sécurité de ce conducteur est bien ajustée sur le haut du corps, elle est en revanche mal placée sur le bas du corps. En effet, pour être efficace et pour éviter le sous-marinage, c'est-à-dire éviter de glisser sous la ceinture en cas de choc, il est important de l'ajuster sur le bassin, et non sur le ventre comme ici.

Analyse des erreurs

Plus de 62% des candidats pensent que cette ceinture est bien ajustée. Il ne suffit pas que celle-ci soit vrillée pour considérer qu'elle est mal ajustée. La ceinture de sécurité doit être correctement placée sur le haut et sur le bas du corps, ce qui à l'évidence n'est pourtant pas le cas ici.

Thème : S - Sécurité

08

Question

Dans un véhicule de tourisme, en plus du conducteur et dans les limites de la carte grise, je peux transporter au maximum :

6 passagers	*A* ❑
7 passagers	*B* ❑
8 passagers	*C* ❑
9 passagers	*D* ❑

Taux de mauvaises réponses :

56.56%

Bonne réponse : C

La limite maximale du transport de passagers avec un permis B et dans un véhicule dont la carte grise permet ce transport, est fixée à 8 passagers en plus du conducteur. Si ma carte grise ne permet que le transport de 5 personnes, y compris le conducteur, je ne dépasse pas dans ce cas le transport de 4 passagers. Pour transporter davantage de personnes, il faut passer le permis « transport en commun » ou permis D.

Analyse des erreurs

C'est une question purement administrative mais cependant importante de savoir combien de passagers au maximum je peux transporter. Bien sûr, il est nécessaire de respecter ce qui est indiqué sur la carte grise, sur laquelle un chiffre inférieur est le plus souvent inscrit. Les erreurs se répartissent entre la réponse "A" dans 30,63% des cas, et pour la réponse "B" dans 14,05% d'autres cas.

Thème : S - Sécurité

09

Question

Les essuie-glaces sont utiles :

par temps sec ______________________ A ❑
par temps de pluie ______________________ B ❑
par temps de brouillard ______________________ C ❑

Taux de mauvaises réponses :

56.25%

Bonnes réponses : BC

Les essuie-glaces sont des accessoires de sécurité dont il faut régulièrement vérifier l'entretien pour que leur efficacité ne soit pas diminuée. Leur utilité est surtout démontrée par temps de pluie, mais aussi par temps de brouillard car l'humidité se dépose sur le pare-brise sans qu'on s'en rende compte. Par temps sec, les essuie-glaces ne sont pas utiles.

Analyse des erreurs

Le piège ici était le brouillard oublié par près de 48% des candidats. Ce type d'erreur est typiquement explicable à cause de l'inexpérience de conduite des apprentis conducteurs. Un conducteur expérimenté sait que le brouillard dépose souvent une fine couche d'eau sur le pare-brise. C'est pourquoi il est nécessaire de prendre des leçons de conduite en même temps que le code pour avoir le plus de chances de répondre à certaines questions.

Thème : S - Sécurité

10

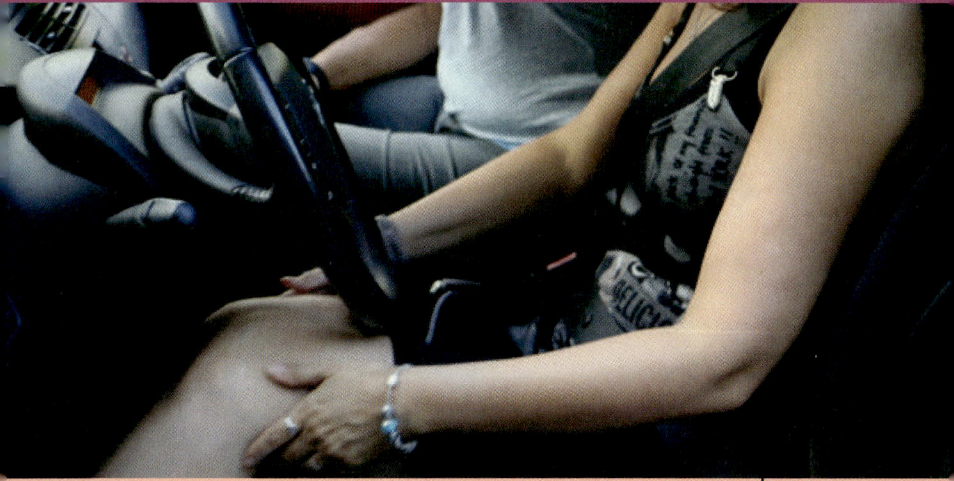

Question

Si mes passagers majeurs ne s'attachent pas, je risque :

une amende

OUI ________ *A* ❑ *NON* ________ *B* ❑

une perte de points

OUI ________ *C* ❑ *NON* ________ *D* ❑

Taux de mauvaises réponses :

55.57%

Bonnes réponses : BD

Le conducteur est responsable de ses passagers mineurs, c'est-à-dire qu'il devra en supporter la ou les amendes (une amende par passager mineur non attaché). Si je transporte des passagers majeurs et qu'ils ne s'attachent pas, l'amende leur sera délivrée et ce sera à eux de la supporter. Dans les deux cas, il n'y a pas de perte de points, car seul le conducteur peut se voir retirer 3 points s'il n'est pas ceinturé lui-même. La perte de points ne concerne que le ou la conductrice d'un véhicule qui nécessite un permis de conduire.

Analyse des erreurs

Une majorité de bonnes réponses à cette question. Mais aussi beaucoup de différentes mauvaises réponses. 32,4% répondent "AD", avec la croyance de devoir payer l'amende des passagers majeurs. 15,92% répondent "AC", avec la croyance supplémentaire de perdre des points pour une infraction de l'un de ses passagers.

Thème : S - Sécurité

11

Question

Je dois régulièrement nettoyer les vitres de mon véhicule pour :

éviter d'être sanctionné

***OUI* ________ *A* ❑ *NON* ________ *B* ❑**

des raisons de sécurités

***OUI* ________ *C* ❑ *NON* ________ *D* ❑**

Taux de mauvaises réponses :

54.36%

Bonnes réponses : BC

Je ne peux pas être sanctionné si mes vitres sont sales à moins qu'elles ne soient vraiment maculées de boue. Mais si je ne les nettoie pas régulièrement, ma visibilité se dégradera et je serai alors un véritable danger sur la route, surtout la nuit où je ne verrai rien ou presque de mon environnement. Quand je nettoie les vitres de mon véhicule, je dois penser à le faire aussi bien à l'extérieur qu'à l'intérieur car souvent un film gras s'y dépose.

Analyse des erreurs

Vous êtes 54,06% à penser que des vitres sales peuvent être sanctionnées. Il ne faut pas voir des sanctions partout. Parfois, si ce n'est souvent, on laisse un minimum de libre arbitre et de sens des responsabilités au conducteur sans lui imposer systématiquement des sanctions.

Thème : S - Sécurité

12

Question

La commande avec le symbole jaune permet de bloquer :

toutes les fenêtres	A ❑	Taux de mauvaises réponses :
les fenêtres arrière seulement	B ❑	
les fenêtres avant seulement	C ❑	**54.27%**

Bonne réponse : B

Le véhicule doit rester un lieu sécurisant et sécuritaire pour tous les occupants. Pendant que le conducteur est en pleine tâche de conduite, il doit être sûr que rien ne viendra le déranger ou l'inquiéter à bord du véhicule. Cette commande permet de bloquer les fenêtres arrière dans le but de garder les enfants en sécurité, si ceux-ci viennent à s'amuser avec les boutons d'ouverture et de fermeture des vitres. Cela évite les doigts coincés ou même le passage par la fenêtre d'un enfant. Ainsi, le conducteur est rassuré et les enfants sont en sécurité.

Analyse des erreurs

Pour 52,58% des candidats, cette commande bloque toutes les vitres du véhicule. C'était une question assez difficile car tous les véhicules ne sont pas équipé de cette commande. C'est une sécurité enfant complémentaire à celle du blocage des portières arrière.

Thème : S - Sécurité

13

Question

La commande de fermeture centralisée des portes :

empêche les enfants d'ouvrir de l'intérieur _____ A ❑
évite que quelqu'un ouvre de l'extérieur _______ B ❑
remplace la sécurité enfant des portières ______ C ❑

Taux de mauvaises réponses :

52.64%

Bonne réponse : B

La commande de fermeture centralisée des portes peut s'enclencher manuellement ou automatiquement après quelques mètres effectués au démarrage. Cette commande empêche d'ouvrir les portes depuis l'extérieur pour éviter toute intrusion malencontreuse dans le véhicule. En présence d'enfants dans la voiture, elle ne remplace en aucun cas la sécurité enfant, à verrouiller sur la portière directement, et n'empêche pas les enfants d'ouvrir de l'intérieur.

Analyse des erreurs

Beaucoup de doubles réponses à cette question. Près de 25% de réponses "AB" et 12,34% de réponses "AC", avec une confusion dans les deux cas entre fermeture centralisée et sécurité enfants. Sans expérience de conduite, ce type d'erreurs est compréhensible.

Thème : S - Sécurité

14

Question

L'éclairage de la plaque d'immatriculation d'un véhicule doit permettre de la lire à une distance minimale de :

20 mètres ____ *A* ❑
30 mètres ____ *B* ❑
50 mètres ____ *C* ❑

Taux de mauvaises réponses :

50.80%

Bonne réponse : A

Tout véhicule à moteur ou toute remorque doit être muni d'un dispositif lumineux capable de rendre lisible, à une distance minimale de 20 mètres, la nuit, par temps clair, le numéro inscrit sur sa plaque d'immatriculation arrière ou sur sa plaque d'exploitation.

Analyse des erreurs

Une question de réglementation qui a fait répondre 30 mètres dans 33,47% des cas, et 50 mètres dans 16,36% des cas. Même si on peut parfois déduire certaines des réponses, certaines autres comme celle-ci testent directement les connaissances. On a quand même avec la réponse "A" une majorité de bonnes réponses.

Achevé d'imprimer en France en août 2021 chez Corlet
Dépôt légal août 2021